「あいまいな思考」を「伝わる言葉」にする方法

リーダーの言語化

木暮太一
Kogure Taichi

ダイヤモンド社

はじめに――リーダーの役割は「言語化」すること

自分で言うのもなんですが、ぼくは小さいころから、いわゆる優等生タイプでした。学校の授業もまじめに聞き、まじめに勉強する。スポーツもわりと得意で、クラスの学級委員長は毎回ぼくがやりましたし、小・中学校の生徒会長もやりました。子どものころは絵に描いたようなリーダー的存在だったかもしれません。

高校も進学校、大学は慶應義塾大学経済学部に進学しました。在学中に経済学の『資本論』を学生向けにわかりやすくかみ砕いた本を出版し、全国の大学で大ヒットしました。そして、卒業後は世界的に知名度が高い会社に就職しました。

ここまでを考えれば、正解とされるようなレールに乗っていたと思います。ですが、この成功体験がリーダーになったときに邪魔をします。

多くのリーダーが同じ体験をしていると思いますが、プレイヤーのときの成功体験が、リーダーの立場では通用しないことがよくあります。プレイヤーとして成績を上げるために必要だった能力やスキルが、リーダーには邪魔になることがあるのです。
ぼくがそれに気づいたのは、組織のリーダーになってだいぶ年月が経ってからのことでした。

リーダーにとってあるあるの失敗例ですが、ぼくも自分がやってきたことをメンバーにそのまま期待しました。もはや期待というより、当然のように押し付けていると言ったほうがいいかもしれません。「自分ができることは、相手もできるはず。相手ができないのは、『できない』ではなく『やらないだけ』」と本気で思っていました。こんなリーダーについてくるメンバーがいるはずもなく、大きな挫折を経験したこともあります。

大抜擢からの大失敗

ぼくが最初に組織のリーダーに抜擢されたのは、株式会社サイバーエージェントに転職して半年後の26歳のときでした。プレイヤーとしてはバリバリ成果を上げていて、社内でも異例の早さで子会社の事業責任者に抜擢されました。ですが、ここでぼくは完全にしくじってしまいます。

小さいころからリーダーを任され、自分がリーダーになるべきという変な責任感さえ持っていました。そして、リーダーは何でも自分でやらなければいけない、自分がまわりより優秀でなければいけないと思い込んでいました。その一方で、自分ができることはみんな言わなくてもできるだろうという想定をしていたわけです。当時のぼくは、虚勢と勘違いの塊だったような気もします。今思い出すだけで相当恥ずかしい経験です。

自分が成果を出せていたこともあり、できないメンバーがなぜできないのか理解できませんでした。そして、なぜできないのかがわからないから、どんなアドバイスをしたらいいのかもわかっていません。メンバーが資料を作って持ってきたときは「これじゃダメでしょ。もうちょっと相手に響くようにして」、アイディアを持ってきたときは「そういう感じじゃなくて、新しい目線を入れようよ」などと、かなりあいまいなことを伝えていました。非常に「あいまいなことを言うリーダー」だったのです。

大失敗の理由

当時、ぼくはリーダーとしての無能さを痛感し、リーダーシップの本を読み漁ったり、セミナーに勉強しに行ったりしました。しかし結局、状況は何も変わりませんでした。メンバーのモチベーションを高めたり、メンバーが仕事しやすくなるように希望を聞いたり、学んだ情報を実践していたつもりでしたが、何も効果はありませんでした。というよりむしろ、メンバーの「希望」を聞けば聞くほど、ぬるま湯のチームになっていた感じがありました。

メンバーのモチベーションを上げることは大切で、そのために各メンバーがやりたいことを聞いたり、働きにくさを排除したりすることは大事です。ただ、今になって思えば、ぼくがチームをまとめるためにやっていたことは単に「厳しい現実から目を背け、仲良しクラブを作る」ことでした。

なぜぼくが失敗したか、今ではよくわかります。それは、やるべきことを伝えていなかったからです。そしてそれ以前に、ぼく自身が「メンバーがすべきこと」を理解

していなかったからです。すべてはぼくの責任でした。

「いい感じにやっておいて」のワナ

その後、また別の企業案件に携わったときに、今度はぼく自身が「あいまいなことしか言わないリーダー」と関わることになりました。あるリーダーは「よしなにやっておいて（いい感じにやっておいて）」が口癖で、何をどうすればいいのかまったく言わない人でした。こちらとしては、**「現状のものはNG」とだけ認識しますが、何を修正すべきか、どのように修正すべきかがわかりません。**結果的に、自分なりに「よしな」に作って持っていきますが、その人の「よしな」とズレていることが多く、まじめに考えていない部下という扱いをされていました。

また、その組織にいた別のリーダーは、名詞しか言わない人でした。

ぼく　「次の企画はどの方向性で進めましょうか？」
リーダー　「えーっと、新生活」
ぼく　「対象はどのあたりでしょう？」
リーダー　「主婦」
ぼく　「……」

このような会話が日常茶飯事でした。主婦向けに新生活を切り口にした企画を作ることまでは言葉になっています。しかし、新生活のどの部分に焦点を当てた企画を作るのか、主婦が何をするときに検討する商品なのか、まったくわかりません。

この当時は何も伝えてくれないリーダーに不満を募らせていましたが、振り返ってみると、以前は自分もそういう「あいまいなことしか言わないリーダー」だったわけです。リーダーとしてあいまいにしか伝えていなかった経験のあとに、メンバーとしてあいまいにしか言ってくれない不満を抱いたことで、自分に大きな気づきがありました。

多くのリーダーは、メンバーにやってもらいたいこと、考えてほしいことを伝えています。しかし、それはメンバーからしたら非常にあいまいで、単に「伝えているつもり」なだけなのです。

世代間ギャップは「できない理由」ではない

最近は、企業がリーダーに求める能力・スキルとして、目標達成よりも組織風土を変えたり、チーム作りができる能力を望むことが増えてきたようです。かつてはチームをまとめて、チーム一丸となってノルマをクリアさせる、そのためにリーダーがメンバーを叱咤激励するというイメージが強くありました。でも今は違います。

もちろん企業として目標を達成してもらいたいという想いは変わらないでしょう。というよりむしろ、ビジネスの最終的なゴールが顧客に価値を提供し、利益を上げ、会社を継続させていくことだとしたら、目標達成は最重要ポイントのはずです。しかし、それをメインに掲げられないほど、チームをまとめることが難しくなっている現状があります。

かつての常識が通用しない、世代間でギャップがある、常識が変わった……。いろんなことが言われますが、根本にあるのは、お互いの頭の中を明確に理解し合えていないということです。


相手が何を望んでいるか、お互いに明確に理解し合えていない。

自分が何をしたらいいか、自分自身でも明確に理解していない。


もし常識が違う相手とはうまくチームが組めないのだとしたら、多国籍企業はとっくに崩壊しているはずです。世代間の常識ギャップは古代ギリシャの壁画でも指摘されていて、今に始まったことではありません。**本質は「時代性」ではありません。**

大事なのは、明確に理解し合うことです。それができれば、組織の課題の多くは落ち着いて解決できるようになるはずです。

かつての正解も、若手の正解も「正解」

これまでは、リーダーが言葉で明確にしなくても、「体で覚えろ。仕事とはそういうものだ」で片づけられていました。また、消費者ニーズも比較的単純で、スペックが高いものを作れば選んでもらえていた時代もありました。

しかし、状況は大きく変わっています。

「正解がない時代になった」と言われますね。でも、ぼくは「**正解がものすごく増えた時代**」だと捉えています。**かつての正解も「正解」ですし、若手メンバーが持っている正解も「正解」**です。正解がないのであれば、ひとまず思いついた正解を暫定案として採用することができます。しかし、**正解が多すぎて、お互いの「正解」がぶつかり合っている**のが実情ではないでしょうか？

ただ、自分でもどこに向かうべきか、日々何をしたらいいか、相手に何をしてもらえばいいか、あいまいにしか捉えられていません。だから自分の「正解」をうまく相手に説明して伝えることもできないのです。

正解
正解
正解
正解

正解
正解
正解
正解

ここが大きな問題になっています。

リーダーが自分の頭の中を明確に伝えられるようになれば、そして相手と共通の指針を持ち、同じ尺度で議論できるようになれば、自分たちが思う正解に向けてチームがまとまっていきます。

個人としても、自分が思う正解を明確に捉え、それを明確に相手に伝えられたら、精神的なストレスは大幅に軽減されていくはずです。今の仕事が合わないと感じつつずっとその職場に居続けるのは、代わりに何をしたらいいのか・何ができるのかが見えていないからだと思うのです。

リーダーの言葉は「価値」を生む

物質的にものすごく豊かな日本で、多くの人が幸福感を抱けないのは、お互いの正解がぶつかり合っているからではないでしょうか？「うまく言えないけど、あなたが考えていることはなんか違う」とストレスを溜めている気がします。

すべてのビジネスパーソンが、自分がしていることの価値（提供価値）と、自分が存在しているビジネス的価値（介在価値）を言葉で実感できる社会を目指す。これが、ぼくが長年掲げている仕事の世界観です。

そして、ぼくらの頭の中を言語化することで、それが実現できると信じています。特に組織の要であるリーダーの言葉を変えることで、組織も社会も大きく変えられると感じています。

言語化はあらゆる業種、あらゆるビジネス、あらゆる会話に欠かせない要素です。本書を通じて、一人でも多くのリーダーのビジネス的・メンタル的サポートができれば本当にうれしく思います。

2024年秋　木暮太一

CONTENTS

1章

「リーダー」の言語化
——人を動かす2つのリーダーシップ

2章

「ゴール」の言語化
――チームが何をすべきかを明確にする

3章

「指示」の言語化

――相手にとってもらいたいアクションを明確にする

4章

「問いかけ」の言語化

──メンバーの考えを言葉で引き出す

5章

「伝わる」言語化
――リーダーに必要な再現性がある伝え方

序章

リーダーの課題は、言語化できれば9割解決する

序章のポイント

言語化＝ 

リーダーが言語化する目的

言語化されていないから起こる問題

言語化とは「明確化」である

本書は、リーダーが身につけるべき言語化スキルについて語ります。2023年6月に『すごい言語化』（ダイヤモンド社）を出版してから、「言語化が大事」「自分は言語化ができていない気がする」という反応をよく見聞きするようになりました。キーワードとして言語化が注目されているのは非常にうれしいことですが、じつは多くの方がこの「言語化」という言葉を言語化していないことも同時に気づきました。

「言語化」とは何でしょうか？

言語化が苦手。

言語化スキルが欲しい。
言語化して伝えたい。

そう感じている方は多いです。ビジネス現場でも、言語化の重要性が強く語られるようになりました。ただし、「じゃあ、言語化って何？」と改めて聞かれると、言葉に詰まります。多くの場面では、物事に名前を付けたり、みんなが気づいていない独自な指摘をすることが「言語化」と表現されていたりします。たしかに両方とも言葉にはしています。しかし、これは言葉で表現しただけで、言語化ではありません。

言語化とは、「**明確化**」です。

言葉にすれば「言語化できた」となるわけではありません。つまり、言語化できたかどうかは、明確にできたかどうか、なのです。

ですから、うまい表現をすることが言語化ではありませんし、何かを売るための言葉を作ることだけが言語化なわけでもありません。自分が考えていることを明確にできていれば、仮にそれが言葉ではなくて図形だったとしても、数字だったとしても「言語化できている」のです。

前述の『すごい言語化』を出してから、言語化を話題にした本も多く出版されました。かなり注目が集まっているテーマです。裏を返すと、これまであまり注目されてこなかった分野でもあります。日本語は文化的な背景もあって、あいまいさを残したまま交わす言語となっています。そしてむしろ、あいまいさが好まれることもあり、明確にしすぎると「きつ

言語化＝明確化

い（厳しい）」「怖い」などネガティブな印象を持たれることもあります。

もちろんあいまいさにメリットがあることは否定しません。しかし、あいまいにしか表現できないとしたら、それはデメリットが大きいと思うのです。あいまいにも、明確にも伝えられるほうがいいです。

リーダーが言語化する目的

言語化とは明確化です。特にビジネスでのコミュニケーションは明確さが重要です。あいまいな表現をして「あとは自分で考えて察して」では、伝えたことになりません。

しかし現状、ぼくらの普段の会話はかなり「あいまい」です。主語述語が抜けているというレベルから、「いい感じにお願い」など、本人は指示しているつもりでもあいまいなものもあります。

会話だけではありません。ぼくらの思考自体がかなりあいまいです。「会社をよくしたい」「風通しがいい会社を目指す」「仕事を通じて自己実現したい」などのフレーズをよく耳にしますが、よくよく考えてみると何のことを示しているのかまったくわかりません。方向性はなんとなくわかりますが、具体的にはまったくわかりません。

リーダーが言語化をする目的は「リーダー自身の思考（頭の中）を明確にすること」、そして「メンバーへの依頼や指示を明確にすること」です。

そして明確に伝える目的は、「メンバーから正しい行動を引き出すこと」に尽きます。

そもそも、ビジネスシーンで物事を明確にする目的は、それぞれが考えていることを明確にし、お互いがすべきことを明確にすることです。仮に言葉を明確にしても、すべきことがわからなかったら意味がありません。言葉は明確になっていても、「で、私は何をしたらいいんだろう……」となってしまうのです。

特にリーダーの役割はマネジメントです。マネジメントという言葉で表現すると何を指すかわかりにくくなってしまいますが、マネジメントとは、組織の目標を達成させるためにチームメンバーを動かすことです。

話がうまかったり、接し方が優しかったり、相手の頭の中に残る言葉を作れたりすればかっこいいかもしれません。しかし、リーダーに求められる言語化はそこではありません。うまい言い回しをすることが目的じゃないし、相手の頭の中に残れば何でもいいわけでもありません。

リーダーにとって必要な言語化とは、単なる人心掌握ではありません。「メンバーに適切に動いてもらうこと」なのです。

リーダーが言語化する目的

リーダー自身の思考を
明確にする
メンバーへの依頼や
指示を明確にする

課題は「ゴールと現状」のギャップと言うが……

「経営課題とは、ゴール（理想）と現状のギャップである」

そう表現されることがあります。ぼくもそのとおりだと思います。「課題＝理想と現状のギャップ」と捉え、そのギャップを埋めていくことで、どんどん理想形に近づいていけます。

ただ、これはあくまでも言葉上の話です。課題を理想と現状のギャップと定義するのであれば、そもそも理想の状態が明確になっており、さらに現状が明確になっていなければいけません。それらが明確になっていないのに、「理想と現状のギャップに目を向けよう」と語っても意味がないのです。

ゴールと現状を数字で表せる場合（定量的に表現できる場合）は、簡単ですね。「売上目標1億円に対して、現状9000万円、ギャップが1000万円」とすぐに把握することができます。

　ですが一方で、定性的なゴールの場合、現状の表現も定性的になり、ギャップも定性的にしか見えてこないことがあります。たとえば、「ブランディングを強化する」、「働き甲斐がある組織にする」、「心理的安全性を確保する」などです。

　この場合、ゴールが明示されたようで、されていません。たしかに言葉にはなっていますが、これらの言葉は人によって解釈の幅が生まれるあいまいな言葉です。「ブランディングを強化するってどういうこと？」、「働き甲斐がある会社にしたいけど、結局何をどうすればいいの？」ということがわからないのです。

　同じように、「現状」も人によって捉え方が異なります。現状を「いい状態」と考える人もいれば、「全然ダメ」と感じる人もいます。そもそも現状のどこを見て評価すればいいのかもわかりません。理想の状態もあいまい、現状の認識も人それぞれです。この状態ではギャップも正確に把握できるはずがありません。

　もちろんこれらの定性的な状態を何かの指標に置き換えて捉えなおすことは可能です。「ブランディング」を「20代〜40代へのネットアンケートで知名度50％超」と決めることはできますし、「働き甲斐」を社員の満足度5段階評価で数値にすることもできます。

ただ、数値化するときには言語化が必要です。つまり、ブランディングとは何なのか？　働き甲斐は何を指すのか？　何が満たされていることが心理的安全性につながるのかを決めなければいけないのです。

また、売上金額などの定量的なものも、じつはその要因（営業力、商品力、情報収集能力など）には、定性的なものもあります。そのため、単純に売上を1000万円増やそうと考えたとしても、「じゃあ営業力を強化しよう！　……でも、営業力ってそもそも何？　どうやって強化すればいいの？」と、また迷ってしまいます。これでは解決策はすぐに出ませんね。

課題は「理想と現状のギャップ」であることは理解できても、このように理想の状態も現在の状態も明確には捉えられていないことが多いです。もし明確になっていなければ、「課題」を捉えることはできない、というより、捉えたつもりでもじつは捉えられていないということになります。

言語化できれば、チームが動き出す

ぼくの言語化手法を研修で取り入れていただいている企業がどんどん増えてきました。企業の課題もさまざまですが、多くの課題が「思考と指示があいまいになっていること」で起きている実感があります。そして、それを言語化を通じて明確にすれば、どんどん解決できるのです。

たとえば、こんな事例がありました。

事例1）大手食品会社様：リーダーが考えていることを言語化

Before

ニュアンスでしか指示できなかった

▼メンバーが作ったプレゼン資料を見ても、「なんか違う」「もうちょっと顧客に刺さるようにして」などのニュアンスでしか指示できませんでした。

⇩

After

「何が違うか、どう変えればいいか」を言葉で明確に伝えられるようになった

▼その資料で何を伝えればいいかを明確に捉えられるようになり、メンバーのアウトプットに何が足りないか、どこを修正すればいいのかを的確に指示できるようになりました。

事例2）医療法人様：業務指示（アクション）を言語化

Before

伝えても伝えても、伝わらなかった

▼これまでも明確に指示をしているつもりでした。しかし、各メンバーの「常識」によって実際の行動が変わってしまい、やってもらいたいことが伝わりきりませんでした。

⇩

After

指示が明確になり、メンバーが正しいアクションをとれるようになった

▼指示内容を明確に言語化できるようになり、各メンバーがすべきことを正しく実行できるようになりました。誤解もなくなり、指示の念押しも不要になったため、本当にマネジメントが楽になりました。

事例3）機器メーカー様：価値と差別化を言語化

Before

常に競合との価格競争になっていた

▼自信を持っている技術が顧客になかなか理解してもらえず、常にライバル企業との価格競争に巻き込まれていました。付加価値があるはずなのに価格を上げられず、先行投資もできませんでした。

⇓

After

商品の価値を言語化でき、50%値上げに成功した

▼価値を明確に言語化して示せるようになってからは、価格競争に巻き込まれず、正当な価格で買ってもらえるようになりました。おかげで値上げもできました。キーエンスさんのような高付加価値商品を作れています。

言語化＝明確化です。ビジネスで考えれば、明確にするメリットは大きく、一方であいまいになってしまっているデメリットは非常に大きいです。リーダーの頭の中やノウハウを言語化すれば、より早く人材を育成することができます。指示を明確に言語化すれば、お互いにストレスなく業務が進みます。自社の商品の価値や差別化を言語化できれば、これまで顧客に響かなかったものも高く評価してもらえるようになります。

言語化できれば、チームが驚くほど動き出すのです。

そして、残るは「言語化」だけ

海外に行ったり、外国のビジネスパーソンとやり取りしていて強く感じるのは、「日本人はしっかりやる」ということです。以前と比較して、日本企業の地位は相対的に下がっています。日本製品もかつてのような評価は受けていないでしょう。そして、日本人を指して「考える力がない」「発想力がない」と揶揄する言葉も聞かれます。

その側面はあるかもしれません。しかし、日本のビジネスパーソンの「しっかりやる能力」はかなり高く、諸外国と比較しても強みとして誇れるものだと感じています。総じて日本人はまじめですし、(良し悪しの議論は別として)長く働きます。言われたことはきちんとやります。

にもかかわらず、日本人の生産性は高くありません。日本の商品が常に海外で高く評価されるわけでもなくなりました。なぜでしょうか？

それは、「不明確だから」です。言語化されておらず、内容が不明確なのです。どこを目指したらいいか、何をしたら成果になるか、そして今日はそれに向けてどんなアクションをとるか、すべて不明確のままです。だから成果につながっていないのです。

一方で、成果が出ないときの対処法としては「１ｏｎ１を実施し、しっかりフォローする」「組織内の心理的安全性を高める」などがよく挙げられます。もちろんそれらの方法も否定しませんが、それらが効力を発揮するのは、考えやコミュニケーションが明確になったあとではないでしょうか？

１ｏｎ１でメンバーの悩みを聞いていたとしても、

「最近どう?」
「なんかうまくいかなくて」
「そういうときは気持ちを切り替えていこう!」

のような会話だったらまるで意味がありません。

端的に伝えればいいと思われることもありますが、それも誤解ですね。無駄に長い話は困りますが、だからと言って短ければ内容がすべて伝わるということでもありません。「風呂・メシ・寝る」というセリフだけで家庭内コミュニケーションが成り立つわけがないのと同じです。

日本人は言われたことをしっかり、きちんとこなします。言われたことはやっています。問題は、「言われたこと」自体が不明確で何をしていいかわからないまま仕事が進んでいることです。また、ゴール自体が不明確で、何をしたら評価されるのかが見えていないまま会議をし、検討をしていることです。

言葉で伝えれば内容が明確になるわけではありません。言語化されていないやり取りは山ほどあります。明確になっていないので、自分がすべきことが見えていません。しかし、日本人はなかなか質問しません。自分がすべきことを明確に理解していなくても、「自分で考えなければ」と思い、質問をしないですよね。

自分なりに頑張って考えても、それで正しい答えを出せるかどうかはわかりません。結果的に、頑張らなきゃいけないことはわかっていても、何をしたらいいかが不明確なまま日々仕事をしていることになるわけです。

日本人は丁寧に仕事をします。正確性も高いです。頑張ります。残るは「言語化」です。言語化して思考やすべきことが明確になれば、これまでと同じ人が、同じ能力で、同じ時間をかけてやっても、格段に成果が出ます。

GOAL
?
START

現状のビジネス課題は、言語化されていないから起きている

振り返ってみると、組織が抱えている課題のほとんどは言語化されていないから起きていると気づきます。

●長時間労働

長時間労働になってしまうのは、やるべきことが言語化されておらず、無駄なことが多いからです。一人一人が一生懸命働いているのはわかります。ただ、今日のその仕事がどんな成果をどれくらい生んでいるかと尋ねられたら、明確に答えられないでしょう。ぼくもそうでした。これはぼくらがサボっているからではなく、やるべきこ

とが見えていないからです。

課題がなくなっているのに開催される定例ミーティング、雑談になってしまっている1on1、誰のために書いているかわからない議事録の作成などなど、多くの無駄な作業が発生しています。当の本人たちは無駄なことだとうすうす気づいていることもあります。しかし、自信を持って「この定例ミーティング、無駄だからやめましょう！」とは言えません。それは、その定例ミーティングに求める成果を明確に捉えられていないからです。

●ハラスメント

ハラスメントも言語化されていないとより発生頻度が高くなります。パワハラ・モラハラは、メンバーに対してすべきことを伝えきっていないときにより頻発します。

たとえば、営業目標を達成していないメンバーがいたとします。そのメンバーに対し、「つべこべ言わずにやれ！　受注できるまで帰ってくるな！」とパワハラ発言をするリーダーもいます。口調にも問題がありますが、本質的な問題はメンバーが何をすべきかを伝えていないことにあります。「つべこべ言わずにやれ！」では、いったい何を

「やれ」と言っているのかわかりません。「受注できるまで帰ってくるな！」はもはや業務指示でも何でもないですね。性善説で解釈すれば、当のリーダーも本当はそう言いたいわけではありません。伝えるべきことが自分の中でも不明確なので、そういうフレーズになってしまうのです。

言語化されていないから起こる問題

ハラスメント

長時間労働

たかが言語化、されどすべては言語化から

ぼくらのコミュニケーションは、言葉以外の「非言語」で行っている部分もあります。非言語で相手に伝わるメッセージも多いわけです。ですが、それは「伝えている」というより「察してもらいたい」、もしくは「(本当は隠したい意図が)伝わってしまっている」のではないでしょうか?

特に仕事でリーダーがメンバーと接するときに「非言語」に頼ってはいけません。それはコミュニケーションをとっているのではなく、「なんとなくわかるだろう?」と相手に強要しているだけです。

ぶっきらぼうだが、やるべきことを明確に伝えてくれるリーダー

優しいし物腰は柔らかいが、指示があいまいすぎて、何も言ってくれないリーダー

あなたはどちらのリーダーと仕事をしたいでしょうか？　どちらのリーダーのほうが仕事をしやすく感じるでしょうか？

日本社会は、外国と比べると察することを善と考える風潮が強くあります。もちろんそれはそれで素晴らしい文化だと思いますし、相手への思いやりは強く表現できると感じます。ですが、その察する文化が美しいのは、自分が相手を察したいと思う場合に限ります。相手に対して「私が考えていることを察しなさい」と言っていいわけではありません。

ビジネス現場でも、「先輩の背中を見て学べ」「技を盗め」など、あたかも言葉で教えてもらえないのが当たり前と思わせるような言い回しもあります。これでは相手の理解が進まなくても仕方がありません。

以前、新しい業態をうたうお寿司屋さんがテレビ番組で紹介されていました。そのお寿司屋さんでは、若手の板前さんが練習としてお寿司を握る代わりに、超高級寿司

を低価格で提供するというコンセプトでした。ネタの質は超高級店と変わりませんが、板前が「半人前」なので安いということです。

コンセプトはよくわかりますし、消費者にとってもうれしい話です。ですが、ぼくは非常に強い違和感を覚えました。ここで握る若手の板前さんは、すでに数年間、本店で修業を重ねていて、すでに一人前に見えたのです。後日実際に食べに行きましたが、仕事ぶりは素晴らしく、素人目には一人前の板前さんでした。

この番組の中で、親方は「板前で一人前になるには10年かかる」と話していましたが、本当に10年もかかるのか甚《はなは》だ疑問です。本当に10年かかるのでしょうか？　もしそうだとしたら、10年分のカリキュラムを提示できなければいけませんが、それは行われているのでしょうか？

ぼくには「なんとなく10年」と言っているようにしか思えませんでした。そして「お前らはまだまだだ」と抑えつけているだけのようにも聞こえました。

人は簡単には育ちません。時間がかかります。ですが、だからと言って、やるべきことを明確にせずに時間をかけていいということではありません。「俺の背中を見て学べ」ではなく、明確に指示をし、言葉で伝えなければいけません。

リーダーが言語化し、思考とアクションを明確にできたら、あなたの組織はどれほど変わるでしょうか？　明確になっていないから課題が解決されない、つまり、明確に言語化できれば多くの課題が解決していくのです。

リーダーの課題は、
言語化できれば9割解決する

言語化＝明確化

リーダーが言語化する目的

リーダー自身の
思考を明確にする

メンバーへの依頼や
指示を明確にする

言語化されていないから起こる問題

ハラスメント

長時間労働

1章

「リーダー」の言語化

人を動かす
2つのリーダーシップ

ビジネスで必要な言語化

人を動かす2つのリーダーシップ

ビジネスで言語化が必要なのは、ビジョン・アクション・コミュニケーション

ビジネスでは何事も言語化して明確にすることが必要不可欠です。自分の考えを言語化し、自分がしている指示を言語化できれば、組織は驚くほど活性化されていきます。

そしてビジネスで言語化が必要な要素は、大きく分けて3つです。

それは、**ビジョン**・**アクション**・**コミュニケーション**です。

まず、**ビジョン**が言語化されていることが重要です。新規事業を立ち上げるにしても、ビジョンが明確化され、言語化されていなければ会社が進む方向性が定まりませ

ん。その結果、「なんかよさそうな事業」に飛びつき、一貫性がない何でも屋になってしまうでしょう。

2つ目の要素は**アクション**の言語化です。仮にゴールが明確だったとしても、そこに向かうためのアクションが不明確だったら、相当な試行錯誤が必要になります。ジャングルの中でゴールだけ示されて、「頑張ってたどり着こう！」とメンバーを鼓舞してもいい結果は望めません。何をすればそこまでたどり着けるかがわからないからです。仮に、結果的にたどり着けたとしても、相当な回り道をしていることでしょう。アクション（何をするか）を言語化する必要がありますね。

そして3つ目が、**コミュニケーション**の言語化です。これは、日々のやり取りでお互いが考えていることを明確に言葉で表現しなければいけないという意味です。仕事は一人でするわけではありません。メンバー同士の意識を合わせたり、考えていることをすり合わせたりする必要があります。とるべきアクションが言語化されていても、アクションを遂行する中でいろんなことを明確にしていかなければなりません。

これらの3つの要素が言語化されれば、ゴールが明確になり、やるべきことが明確になり、お互いに認識や意見を明確にそろえながら仕事を進めていくことができます。

もちろん、すべてのメンバーがこれら3つを言語化する能力を持っていればベストですが、組織の役割・職務として言語化を担当することで、組織運営を円滑に進めることができます。

では、誰が何を担えばいいのでしょうか？　結論から言うと、

- **経営者は、ビジョンを言語化する**
- **リーダーは、メンバーが行うアクションを言語化する**
- **メンバーは、日々のコミュニケーションを言語化する**

です。

経営者がビジョンの言語化を担当することに対し、異論はないでしょう。そして現場のメンバーがお互いに明確にコミュニケーションをしながら業務を進めていかなければいけないこともご賛同いただけると思います。

問題はリーダーです。メンバーが行うべきアクションを言語化するのはリーダーの役割です。ここは少し補足説明が必要なので、次の項目で解説します。

プレイヤーの動きを指示するのは、監督の責任

メンバーが現場でとるべきアクションを言語化するのは「リーダーの責任」とぼくは捉えています。ぼく自身のリーダー経験を振り返っても、ぼくがアドバイザーとして関わっている企業の事例をみても、リーダーが「アクションの言語化」をできているケースでは驚くほど組織がスムーズに動いていくのです。

実際に現場で行動するのはメンバーです。リーダーの役割は現場に出ることではなく、現場に出ているメンバーが成果を出せるようにコーディネートすることですね。実際に行動するのがメンバーなので、多くの現場で「何をしたら成果が上がるかは、メンバーが自分で考えるべき」と思われています。ですが、それは誤った認識と言わざるを得ません。メンバーがとるべきアクションを決め、指示をするのはリーダーの役割です。

たとえば、多くのスポーツではサインを出すのは監督の仕事です。各プレイヤーは監督が決めた作戦に従い、監督が指示したプレイをします。これがチームです。野球で言えば、打席に入っているバッターに「送りバント」のサインを出しているのは監督です。バッターが自分で判断してバントをするケースもありますが、ほとんどの場合は、監督が指示を出したからバッターがバントをするのです。つまり、現場で動くプレイヤーが何をすべきかを考え、指示をしているのは監督なのです。

もしスポーツの試合で、監督が指示を出さなかったらどうなるでしょうか？ メンバー各自が試合に勝つために何をすべきか考えなければいけないとしたら、どうでしょうか？　監督がベンチに座ったまま「自分で考えて、成果を上げてきて」とプレイヤーに言っていたら、間違いなくその監督はクビになるでしょう。指示がなかったとしても、メンバーは何らかのアクションを考えて行動します。しかし、それはまとまりがなく、作戦としてバラバラなものになってしまいます。

仕事現場でも同じです。スポーツの論理を会社組織に重ねて考えるならば、

そのチームのメンバーの動きを考える人：リーダー
そのチームのメンバーに動きを指示する人：リーダー
実際に行動する人：メンバー
実際の行動の質を上げるように考える人：メンバー

という位置づけになります。

しかし現状の組織では、監督役のマネージャーが作戦を語っているケースは少なく、またメンバーにどのような「プレイ」をするべきか指示を出しているケースは非常に少ないです。

やるべきことが指示されないから、各自で頑張って案を考えます。ですが、毎回いいアクションプランを思いつくとは限りませんし、自分がよかれと思ってやったことで（勝手に動いたことで）トラブルになってしまうこともあります。

メンバー「何をしたらいいですか？」
リーダー「そんなこと自分で考えろ」

そんなやり取りが多くの職場内であります。新入社員はともかく、一般的にメンバーがすべきことをリーダーに聞くと怒られそうです。繰り返しになりますが、サインは監督が出し、その指示されたアクションを確実にこなす、質を上げるために考えるのがメンバーの役割です。

監督からバントのサインが出たらバントをします（というか、しなければいけません）。そして、バントを成功させるために、守備の陣形を考慮し、自分で考えて、適切な方向にバントしてボールを転がします。メンバーが自分で考えるのは、あくまでも「バントをする」という前提で、その範囲の中でよりうまくするためにどうしたらいい

ビジネスで必要な言語化

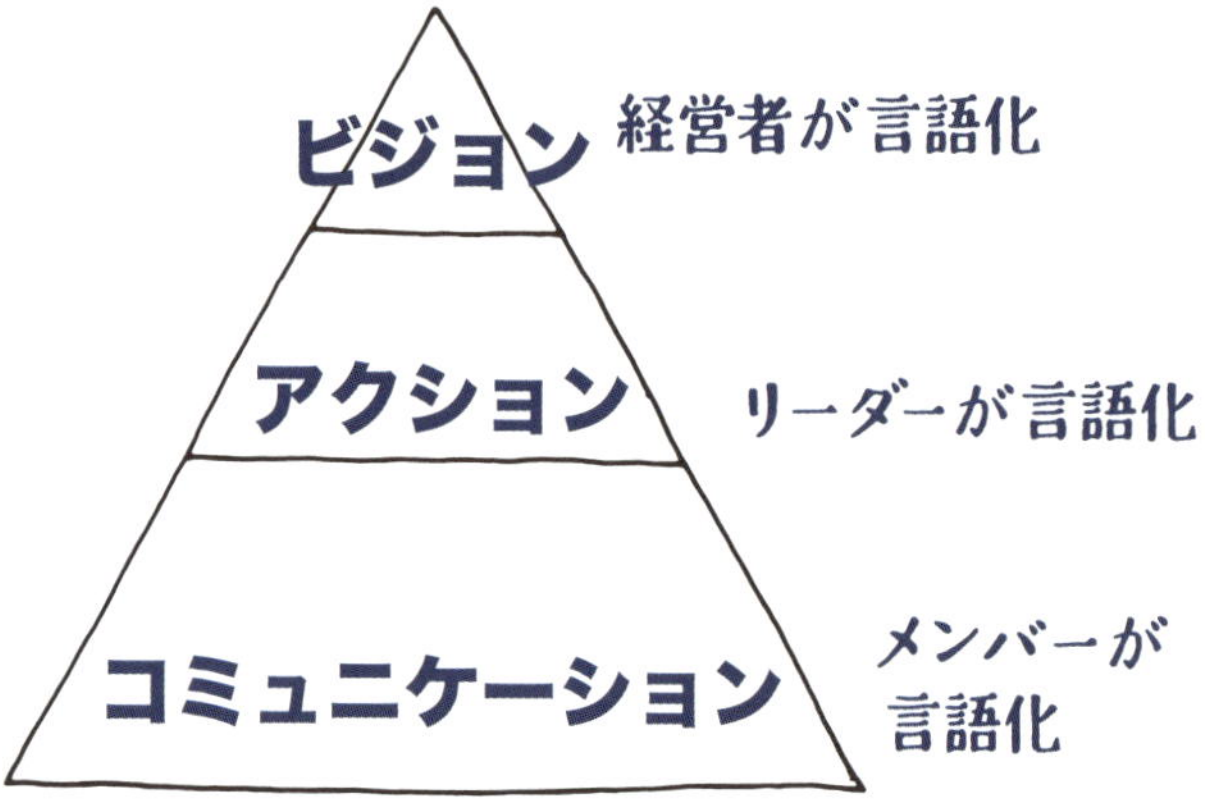

リーダーは部下のアクションを言語化する

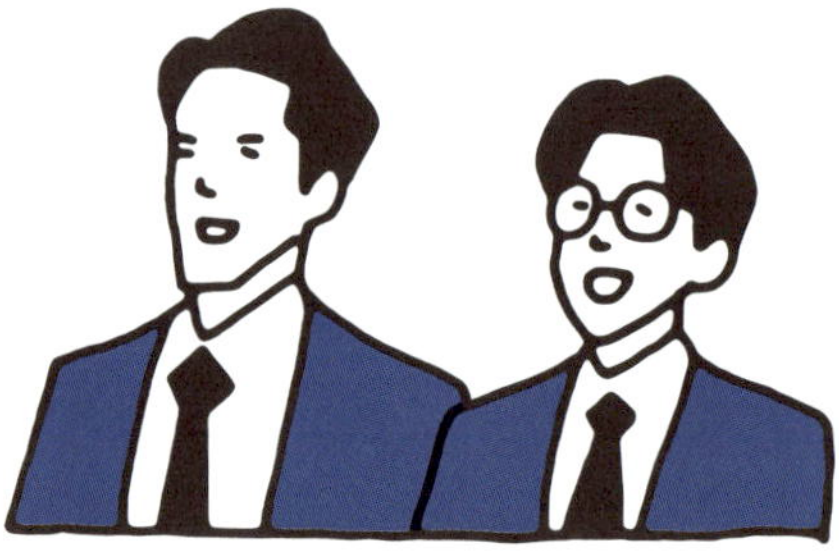

か、なのです。

試合中、何のサインも出さずに、チームが負けたらプレイヤーを叱り飛ばす監督がいたなら、即クビになります。メンバーに「自分で考えろ」と言っていいのは、メンバーのアクションを明確に示したあとです。

メンバーに必要なのは、考え方よりも「動き方」

組織には、それぞれ役割があります。経営者の役割は「ゴール（ビジョン）を示すこと」です。経営者が日々営業現場に出て、トップセールスになってしまうのは、むしろ好ましくない状態です。経営者はゴールを示し、指示を出し、各部隊を動かすことが本来の役割です。

一方で、メンバーの役割は現場で動くことです。戦で言えば実戦です。ここでメンバーに求められるのは、考え方よりも動き方です。


ぼくはこの原則を、株式会社リクルートで目の当たりにしました。当時、ぼくは役員直下の少人数グループで、リクルートの新規事業を企画する部署にいました。そこでリクルートの強みや、次のビジネスに活かせそうな資産を分析していました。

この部署で、入社早々に感じたことがあります。それは「リクルートは営業の会社ではない。事業プランと仕組みの会社だ」ということです。

リクルートは営業が強い会社で、営業のスーパーエキスパートが多数在籍しているというイメージを持たれていますが、実際はそうではありません。もちろん、営業が強い会社という側面は否定しません。しかし、リクルートは、営業のスーパーエキスパートが多数いるから売れているのではありません。実態は、必ずしも営業が得意ではない人でも売れるようにしている会社です。「質の高いアクション」を上層部（リーダー）が徹底して指示しているから、営業が苦手だったメンバーでも売れているのです。

現に、ぼくがいたころのリクルートでは、3年間限定で雇用される契約社員たちが月間の営業成績1億円などのものすごい成績を上げていました。もともと彼ら／彼女らが営業が得意だったわけではなく、むしろ営業未経験から「月に1億円売る人」になっているケースも多々目にしました。

もし個々人の営業力に依存していたら、会社の強みは早々に崩れてしまっていたでしょう。リクルートが長年にわたってトップで居続けられるのは、属人的なノウハウではなく、むしろノウハウをまだ持っていない人に、「ノウワット（ｋｎｏｗ　ｗｈａｔ：何をすべきか）」を伝え、ひたすら行動につなげてきたからです。

何をすべきかを考えるのは、その事業部のリーダーの役割です。リーダーが「営業シーンですべきこと」を提案資料にまで落とし込み、それをメンバーに通達しています。メンバーはある意味、何も考えずにそのとおりに営業してくるだけです。それがリクルートの強さでした。

人を動かす2つのリーダーシップ

あなたにとっての理想の上司ってどんな人ですか？　というアンケートが取られることがあります。２０２４年の新入社員の理想の上司を調査したアンケートでは、男性上司の１位が大谷翔平さん、女性上司の１位が水卜麻美さんでした（出典：２０２４年度「新入社員の理想の上司」学校法人産業能率大学総合研究所）。

たしかにこのような方がチームにいたらすごく心強い感じもするし、頼りがいがあり、安心感もあり、ついていきたい感じもします。大谷翔平さんが言うことならと全面的に協力するかもしれません。「何を言うかより、誰が言うかが大事」というフレーズもあるように、誰が言うかはすごく大事ですね。

ただ、リーダーに必要な要素はもちろんそれだけではありません。「誰が言うか」と合わせて、「何を言うか」が重要です。これは、いいことを言う、みんなが共感できることを語るなどではなく、「言っていることの内容がわかる」ということです。

頼りがいがある人になれば、発信するメッセージは何でもいいというわけではありません。以前であれば、オーラがあるカリスマリーダーに問答無用でついていくという風潮があったかもしれません。また、「○○さんが言うなら、それがたぶん正しいんだろうな」と考える人がいるかもしれません。ですが、これから求められるのは威厳やオーラよりむしろ、「具体性」「明確さ」です。「誰が言うか」以上に、その人が「何を言うか」が大事なのです。

実際、日本能率協会が発表した新入社員に対する意識調査（2023年）の「理想の上司ランキング」では、理想の上司は次のように表現されていました。

1位：仕事について丁寧な指導をする上司・先輩（79・0％）
2位：言動が一致している上司・先輩（53・2％）

出典：2023年度「新入社員意識調査」（一般社団法人日本能率協会）

20ポイント以上の差をつけて「仕事について丁寧な指導をする上司・先輩」が理想のトップであることに注目したいです。要はちゃんと仕事を教えてほしいということです。これはぼくも非常に強く実感しています。上司の人柄や相性以前に、上司がちゃんと仕事を教えてくれないんです。

ぼくがまだ若手のころ、毎日のように上司から「お前、それでいいのか？」と言われ続けていました。どこがどのように悪いかは指摘してもらえず、常に「お前はそれでいいんだな？」と非常にあいまいなプレッシャーを与えられました。

たしかにいろんな要素を考え、より高みを目指すという考えは必要かもしれません。しかしそれはベースとしてすべきことがわかっていて、すでに基本的な仕事はできていることが前提です。何もわからない新人に「お前はそれでいいのか？」と問い詰めても、何も生まれません。

優秀なリーダーになるための要素は？ と聞かれると、いろんなものが頭に浮かんできます。実績を上げる、頭がいい、メンバーを公平に扱う、言動一致しているなどなど、さまざまな要素があり得ます。ただし、「仕事を丁寧に教える」という、最も基本的な役割と責任を果たすだけで理想の上司像には大きく近づいていくのです。

人を動かす2つのリーダーシップ

「信頼関係を築けば、チームの課題が解決する」という幻想

最近、心理的安全性を高めようとする気運が高まっています。心理的安全性を高めることの大きな目的に、「何でも言い合える」「反対意見が言える」、そして「自分が考えていることを伝えられる」などがあります。そしてそれを実現するための、お互いの信頼関係を構築する手段が多く語られています。つまり、お互いの信頼関係ができていれば、何でも言い合えるようになる、ということですね。

たしかに、信頼関係があったほうが言いやすいと思います。ですが、信頼関係ができていれば、それだけで何でも言えるかというとそういうわけではありません。また、信頼関係ができていれば、それだけであいまいで感覚的なことを言っても理解される

というわけでもありません。

夫婦関係をイメージしていただければ明白かと思います。本来、お互いに信頼しきって結婚したはずなのに、時が経てばその信頼関係がなくなっているケースは珍しくありませんね。また、夫婦間でお互いに「相手が何を言っているかわからない、会話が通じない」と愚痴るケースもあります。信頼していれば、どんな言い方をしても相手が理解してくれ、お互いの課題が解決するというのは完全な幻想なのです。

同じように、お互いに助け合う雰囲気があれば、問題が解決するわけでもありません。助け合う雰囲気とは具体的には、

- **問題が発生したときに、誰かを非難するのではなく、建設的に解決策を見つける努力をみんなでしているか**
- **上司や他のメンバーが相談に乗ってくれるか**
- **失敗を責めるのではなく、チャレンジと成果を称賛してくれるか**

などです。ぼくもこれらは大事だと思います。しかし「建設的に解決策を見つける努力」「相談に乗る姿勢」「チャレンジを称賛する文化」があったとしても、正しい方向で努力をしていなければ意味はありません。

建設的に解決策を見つけようとしても、結局見つからなければその問題は解決しませんね。誰かに相談に乗ってもらったとしても、相談内容が漠然としていたら相談を受ける側も何を言ったらいいかわかりませんし、反対に相談した内容に対して「徹底的に頑張るしかないかもね」など、漠然としたことしか言われなかったら、何の解決にもなりません。

お互いの信頼関係は大事です。しかし、それですべてがうまくいくわけではありません。

これと同じように、メンバーのモチベーション維持がリーダーの最優先課題ではありません。部下のモチベーションを上げることを最重要ポイントと捉えてしまうと、ビジネスの本質を見失います。誤解を恐れずに言うと、企業体の最終目的は、(顧客や社会に価値を発揮して) 利益を上げることで、従業員メンバーのモチベーションを上げることではありません。

部下のモチベーションを上げるために、部下の話をよく聞く、部下の個人的な目標が会社の目標と合致するようにすり合わせてみよう、などと語られます。それらも必要なことではありますが、そもそも部下の希望を聞くことが目的になってしまうのは方向性がズレています。

メンバーのモチベーションを高めたり、不満を解消したりするのは、あくまでも組織のゴールを達成するためです。そして、そのゴールを達成するために何をすればいいかがわかっていて、その「すべきこと」をしてもらうためにメンバーのモチベーションを上げよう、という順番のはずですね。

リーダーの役割は責任をとることではない

ここ数年、リーダーの役割が変わりつつあります。前述のように、リーダーに求められる資質として「目標達成能力」よりも「メンバーとの調整力」に重きが置かれ始めています。

もちろんメンバーに気を配るのは重要です。というよりむしろ、メンバーを自分の舎弟のように扱い、ハラスメント行為をするのは論外です。その前提でお伝えしますが、リーダーの本来の役割はメンバーの精神安定剤になることではありません。

リーダーの仕事はメンバーに結果を出してもらうために考え、行動することです。

ちょうど、芸能事務所のマネージャーがイメージにピッタリだと感じています。ぼくもかつてメディアに文化人タレントとして出演していました。フジテレビの「とくダネ！」や全国ネットのラジオ番組など、レギュラーで何本も出演する機会をいただいていました。そして、大橋巨泉さんが立ち上げた芸能事務所に所属し、マネージャーもついていました。

芸能事務所のマネージャーは、一般企業のリーダー（マネージャー）とまったくイメージが異なり、プレイヤー（タレント）がいい仕事をできるように、キャラクターや能力に合った仕事を取ってきたり、仕事のアドバイスをくれたりします（もちろん人によります）。一方で一般企業では、マネージャーは「上」「メンバーより偉い人」で、マネージャーの指示が正しく、プレイヤーは指示命令を受ける立場です。一般企業でも、芸能事務所のマネージャーのように、実働部隊に対するアドバイザーのような接し方をしたほうがいいと思うのです。

組織の役職上のリーダーになっていなくても、リーダーとしての視点は必要です。後輩に対してはリーダー的な接し方が求められたりしますし、自ら主導的に動くためには役職・年次にかかわらず「リーダー」になる必要があるからです。さらに言えば、誰しも自分自身をマネジメントして仕事をしています。そういう意味で、誰しもがリーダーなのです。

仕事にチームワークが重要であることは言うまでもありません。ただ、チームワークがよければ仕事上の成果が出ると考えているとしたら、それは単なるリーダーの責任放棄です。船でいくらエンジンを回したところで、船頭がいなければ目的地にたどり着きません。

リーダーの素質として「目標達成能力」は当然求められる項目です。しかし最近はこれよりも、「調整能力」「聞く力」などのほうが重視されつつあります。企業としての最終ゴールは、目指している状態をみんなで達成することであり、売上・利益などの数字でなくとも「目標」を掲げてそれに向かってまい進することは重要な要素のはずです。

しかし、最近はそれよりも「チームをまとめる力」により重点が置かれている感があります。つまり、問題が起きないように、メンバーが辞めないように、みんなが「安心安全」に働けるようにする、そんなリーダーが求められているのです。それももちろん重要です。ですが、それらは企業が求める本質ではありません。本来は、成果を上げるためにみんなで頑張って仕事をしているわけで、成果を上げなくていいわけがないのです。

「今日、何をしなければいけないか」を明確に伝える

リーダーがまずしなければいけないのは、部下が「求められている成果」を出すために「今日、何をしなければいけないか」を明確に言語化し伝えることです。そしてそれは当然ながら、成果に結びつく行動でなければいけません。**「いい感じにやっておいて」というようなあいまいな指示では、リーダーの責任を放棄していると言わざるを得ません。**

ぼくがまだ若いころのことです。そのときについた上司は、ひたすら「上司の役割は、『責任をとること』だ」と口にしていました。そして同時に「いいよなぁ、お前らは。責任とらなくていいからよ」とこぼしていました。

ぼく自身、まだまだ仕事を覚えたてという感じで、一人前には程遠かったですが、この「上司の役割は責任をとること」というフレーズに強烈に違和感を持ったのは覚えています。

リーダーの役割のひとつに「チームメンバーがやらかしたミスの責任をとること」があるかもしれません。しかし、それはリーダーの役割の一部であって、それさえしておけばいいというわけではありませんね。

リーダーの本来の役割はチームメンバーを正しい方向に誘導することです。何をすべきかを指示し、動きが間違っているときには軌道修正をすることがリーダーの役割です。

自分で考えさせなければいけない、すべてを教えてはいけないという反論もあろうかと思います。それはそのとおりだとぼくも思います。ですが、部下が自分で考えて動けるようになるのは、大枠の方向性を理解しているからです。それを理解する前に「自分で考えろ」と言うのであれば、あらゆる学校が不要になります。学校でも全部「自分で考えろ」と生徒を突き放したほうがいいということになってしまいます。

自走する部下が欲しい、部下が自分で考えて自分で行動してほしいと感じている上司は多いです。また、責任は自分がとるから、自由にのびのび仕事をしてもらいたいというフレーズが、懐が深い上司の代名詞として扱われることもあります。

ですが、もしそう考えている方が、何をしたらいいかをメンバーに丸投げして考えさせているとしたら、リーダーとしては失格です。

リーダーの仕事は責任をとることではありません。責任をとる前に、メンバーのアクションを明確にするほうがよっぽど重要ですね。

社内のコミュニケーションは、じつはほとんど言語化されていない

現状、かなり多くのビジネスシーンで会話や指示が言語化されていない、つまり「明

確になっていない」と感じます。

ぼくが所属していた組織でも、成果がイマイチのときにはいろんな対策がされていました。チーム内の意識がそろっていない、お互いが理解し合えていない感じがあると、「コミュニケーションの機会を増やそう」、「リーダーの聞く姿勢を強化しよう」、「多様性に配慮しよう」などなど、いろいろな案が出ていました。しかし、仮にそれらを実行しても、ほとんど効果が感じられませんでした。理由は、施策自体が「あいまいだから」です。


そもそも日本社会では、仕事の定義がかなりあいまいです。そもそも企業に就職して与えられる業務ミッションもかなり範囲が広く、あいまいです。何をすべきかが明確にはなっておらず、強いて言えば「社員一丸となって、うまくやること」が業務範囲でしょう。

ですが、当然ながらこれは「すべきこと」を言語化したことになりません。業務内容が言語化されていないので、ぼくら自身も何をしていいのかわかりません。

ぼくが若いときもそうでした。何をしていいかわからないので、ひとまず会議に出ます。会議に出ていればなんとなく仕事をした感じになれますし、何より時間を埋められます。本来、会議をしただけでは何も価値を生みませんが、自分がすべきことを明確に意識できていないので、価値を生んでいないことに気づきません。

日本のビジネスパーソンは世界的に見てもまじめで能力も高いと感じています。能力があるんです。でも、何をしていいかわからないから結果が出せない。そんな状況が長く続いていると感じざるを得ません。

たとえば、会議中のお互いの会話も、言語化されていません。このような会話はよくあるのではないでしょうか？

リーダー「では、お互いの進捗を共有しましょう。この1週間の共有をお願いします」

メンバー「まず、クライアントA社向け商品の打ち合わせに出ました。そこでは、プロジェクトチームメンバーのお互いの動きを確認しました。次回は、クライアントに新商品のヒアリングに行く予定です」

リーダー　「了解です。では次は○○さんお願いします」

こんな会話がされていませんか？　リーダーの進捗を共有してほしいという問いかけに対し、メンバーはこの1週間に自分がやったことを伝えています。一見、自然な会話に見えます。そしてリーダーも「了解」しています。しかし、じつはこの会話ではおそらくリーダーが知りたいことは何も明らかになっていません。

リーダーは進捗を聞いていますね。業務の進捗とは、当然ながらゴールに向かってどれくらい前進したか、やらなければいけないタスクがどれくらい完了したか、です。それを知りたいはずなのに、メンバーは答えていません。そしてメンバーが答えていないのに、リーダーは「了解」しているのです。

会議に出たこと、お互いに会話したこと、次回はクライアントにヒアリングに行くことはわかりますが、そもそもこれらが何のために、どういう意図でなされているのかわかりませんね。

お互いの動きを確認することは必要かもしれません。しかし、全体業務のどの課題に対して、動きを確認しているのかわかりません。クライアントへのヒアリングも同じです。ヒアリングに行くことでその業務が必ず前進するわけではないのです。

先ほどの会話は、以下のようにならなければいけません。

リーダー「では、お互いの進捗を共有しましょう。この1週間の共有をお願いします。その際には、どの課題に対する取り組みかを説明してください。また、その業務が課題解決につながると考えた意図も併せて発表をお願いします」

メンバー「私は、今回の全体業務の中で『クライアントの満足度が低下している』という課題に取り組みました。まず、プロジェクトメンバー各自の動きが重複していないことを確認しました。私は来週、クライアントに現商品の不満をヒアリングしに行きます。私は、クライアントの満足度が低下したのは、商品故障時の対応遅れにあると感じています。そのため、対応遅れを解消する策をサポートメンバーと検討し、ヒアリング時にクライアントにご提示できるようにしておきます」

もちろんこれは一例です。着目していただきたいのは、「何のために」「どんな行動をしたのか」が明確になっていることです。

チームで打ち合わせをしても成果につながらないのは、チームメンバーが有意義な動きをしていないからです。そして、メンバーの動きが有意義なものになっていないのは、何のために、何をするかが言語化されていないからです。

そして、目標未達のメンバーに改善策を聞くと「頑張ります」などの精神論で返ってくることがほとんどです。もしくは、「顧客の意図を汲み取って、先手先手で動いていきます」という対策を出します。しかしよくよく考えると、この「顧客の意図を汲み取って、先手先手で動く」ということが何を指しているのかまったくわかりません。当の本人もわかっていないでしょう。「頑張ります」で終わってしまうと、詳細を突っ込まれそうなので、文章を長くしてなんとなく耳ざわりがいい言葉を並べているだけです。

ここで指摘したいのは、メンバーが自分で考えていない、言い訳をしているということではありません。メンバー自身も対策を考えたいはずです。業務目標を達成できないのは自分としても好ましくないことだし、できれば「仕事ができる人材」になりたいと思っているでしょう。でも、どうすればいいかがわからないのです。だから耳ざわりのいい総論を掲げて終わってしまっているんです。

仕事の要件定義がされれば、チームがみるみる動き出す

仕事がうまくいかない、または仕事が遅いと悩む人がいますが、その主な理由は仕事内容に不明確な部分があるためです。リーダーがアクションを言語化したとしても、毎日の一挙手一投足を指示するわけではありません。どうしても解釈の余地は生まれてしまいますし、明確にするといっても、ある程度の幅を持たせて伝えなければいけません。

仕事が遅いといっても、その人の動きが物理的に遅いわけではありません。社内を歩くスピードが亀レベルで遅いとか、メールを打つ速度がスローモーションのように

人の3倍以上かかるとか、そういうことではないわけです。

遅さの原因は大抵、やるべきことが見えていないことにあります。何をすべきかが自分の中で整理できていないため、考える時間が長くなったり、ああでもないこうでもないとやり直す、もしくは本当はまったく意味がないのに「これも念のためやっておこう」と手を付けるから、結果として仕事が遅くなってしまうのです。

メンバーの仕事が遅いのは、もしかしたらメンバーのせいではないかもしれません。システムなどを新しく作るときに「要件定義書」を書きます。これがなければ何をしていいのか、どこまで機能を盛り込んだらいいのか、現場のプログラマーはまったくわかりません。要件定義書があるから、やるべきことが見え、それに沿って正しいアクションがとれるのです。**「とにかく動け!」と言う前に、やるべきことを、そしてその前に抱えているタスクのゴールを明確にしなければいけないのです。**

ビジネスで必要な言語化

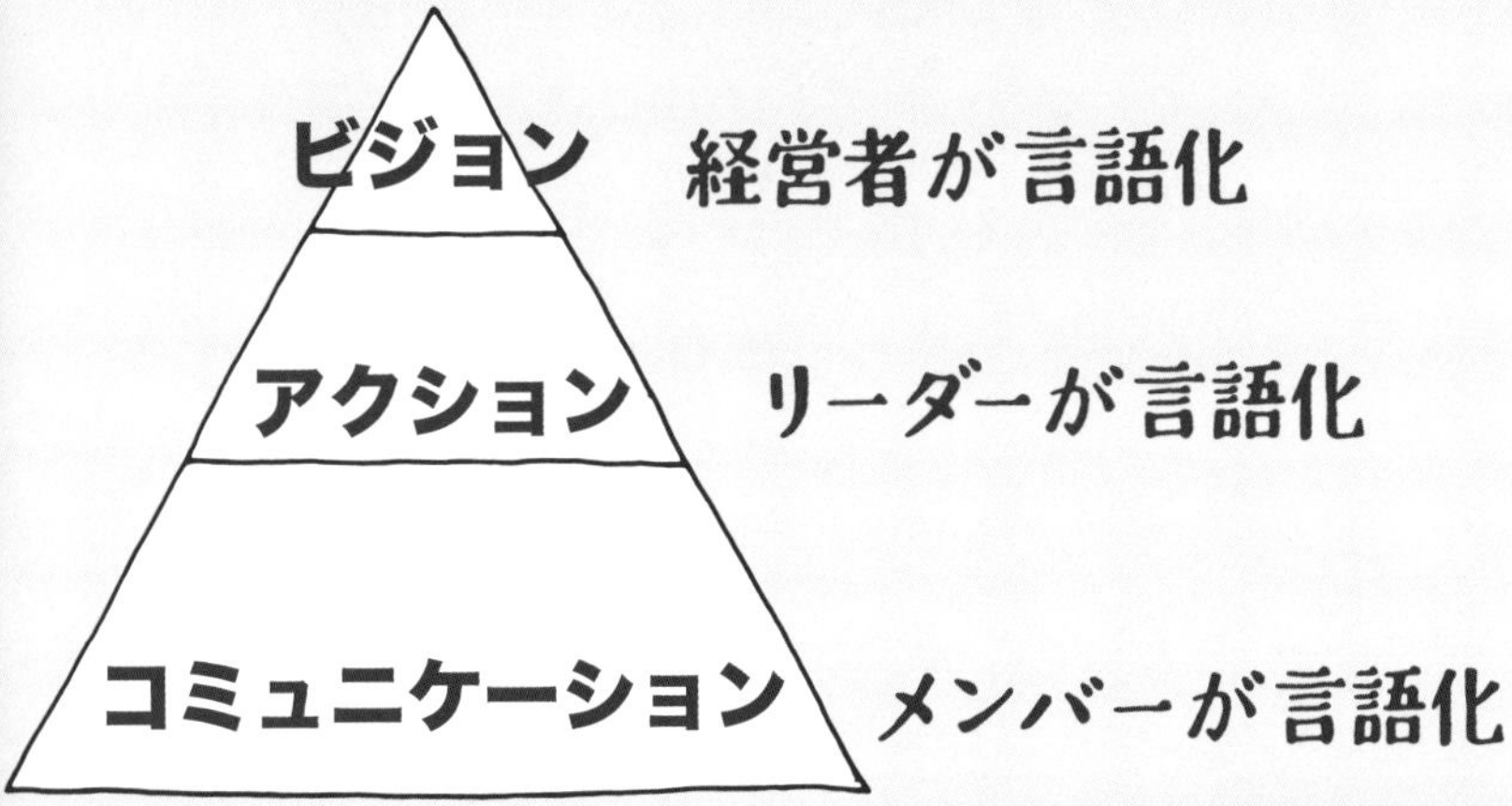

リーダーは部下のアクションを言語化する

人を動かす2つのリーダーシップ

誰が言うか

何を言うか

2 章

「ゴール」の言語化

チームが何をすべきかを明確にする

2章のポイント

ゴールを言語化してアクションに変える

ゴールを定義する

ゴールに向かうための言語化

判断するための思考と言語化の「型」

既存の「ゴール」はかなりあいまい

ゴール（目的）をイメージして行動することが大事とよく言われます。しかし、単にゴールイメージを持てばいいわけではありません。大事なのは、「**明確なゴールを持つこと**」です。当然のことのように感じるかもしれませんが、実際にはほとんどの「ゴール」があいまいなまま放置されています。

たとえば、「当社のビジネスの目的は、お客様を笑顔にすることです」というようなフレーズを見聞きしたことがあるでしょう。そして、特に内容について疑問を持たれることは少ないです。ただ、この「お客様を笑顔にする」という目的は、じつは何を言っているのかまったくわかりません。この会社が吉本興業であれば、漫才を披露して笑わせることを指すかもしれません。でも住宅メーカーだったら？　ホテルだったら？　飲食店だったらどうでしょう？「笑顔にする」の意味合いがまったく違うはずです。

なんとなくの方向性は理解できます。というより、なんとなくの方向性が理解できてしまうから、それ以上考えなくなっている、というのが正しいかもしれません。決して揚げ足を取っているわけではありません。実際にわからないのです。もしこの会社が飲食店だったとして、あなたがそこで働いていたとしましょう。お客様を笑顔にするとは、何をすることを指すのでしょうか？

可能性として考えられるのは、

- **ものすごくおいしい料理を出すこと**
- **店舗をアミューズメント型にして、食事をしながらショーを楽しんでもらうこと**
- **お客さんの誕生日にサプライズプレゼントを渡すこと**

などでしょうか。いろいろありますが、ここで大事なのはいろいろな可能性を出すことではありません。組織が求めているゴールを特定することです。自分でよかれと思って考えたとしても、それが組織・チームの方針とズレていたら意味がありません。

売上目標を語るときも、「もっと売上を上げよう！」は抽象的ですね。いくら売上を増やそうと言っているのか、どの商品の売上を増やそうとしているのか、また、いつまでにそれを達成しようとしているのか不明確です。

「みんなでこのプロジェクトを成功させよう」と檄《げき》を飛ばしたとしても、「成功」とは具体的に何を意味するのか、どのようなアクションが求められるのかがわかりません。そのため、メンバーは「頑張ります！」としか言えず、行動につながりません。

ぼくがサラリーマンのとき、上司からよく「いい感じでやっておいて」という指示を受けていました。何も内容がない指示ですが、ここで「いい感じとは？」と質問ができることはほとんどありませんでした。また、その上司の虫の居所によって「いい感じ」が変わるので、本当に苦労しました。

「完成度60％になったら報告して」とメンバーに伝えても、そもそも完成度60％がどの程度かがあいまいで、メンバーは報告に行けません。結局メンバーのさじ加減で判断するしかなく、それがリーダーの基準とズレていたら「早すぎる！」「遅すぎる！」

と怒られてしまいます。

リーダーは、自分が考えていることを言葉でメンバーに投げかけているので、明確に伝えていると感じているでしょう。しかし、実際は不明確な部分、メンバーが確証を持てない部分がたくさんあるのです。

リーダーは企業のゴールを言語化して、アクションに変える

企業が掲げている目標やゴールは、往々にしてあいまいなまま放っておかれています。掲げたはいいけど、誰も気にしていないこともあり、社長室の額縁に入った標語のように無意味な言葉になってしまっています。

企業が掲げているものだけではありません。リーダー自身が示したゴールも同じようにスルーされていることがあります。

なぜ誰もそのゴールに向かって動かないのかといえば、それは「ゴール自体が不明確で、何をしていいかわからないから」です。企業やリーダーが掲げるゴールが大きく反感を買ってしまっているのであれば別です。でもそういうケースは多くなく、ほとんどは賛同をしてもらっていると思うのです。でもメンバーはそのゴールに向かって動いていない。ゴールが不明確だからです。

しかし、そのあいまいなゴールを示した当人はそう思っていません。当人は明確に示した！　これで社員一丸となって進める！　と感じているでしょう。特にメンバーから質問も出てこないし、みんなに伝わっているだろうな、と感じているかもしれません。

定性的なゴールは明確にしづらい

ゴール自体を定量的に表現できれば、明確に示すことは比較的簡単です。今期の目標売上が1億円だったとして、それを示すことは簡単ですね。「今期の商品Aの売上目標は1億円です！」と言えばいい。これでメンバーは明確にゴールを認識できます。

しかし一方で、ゴールを定性的にしか示せない場合、話は一気に複雑になります。「チームの世界観を磨く」、「唯一無二の商品を作る」、「御社にお願いしたいと言われる会社になる」など、定性的なゴールの場合、ゴールの幅が広すぎたり、人によって解釈の差が生まれてしまったりで、なかなか理解が統一化されません。

たとえば、従業員満足度を上げるという目標があったとします。従業員満足度を上げるための調査が多くの企業で実施されるようになり、点数化（可視化）を試みています。ただ、本当にその点数が上がっていれば従業員満足度が上がっているのかはわかりません。調査の項目によります。また、あなたが考える理想の職場像と合致していない可能性もあります。調査は調査で構いませんが、自分なりに考えてみる必要もあります。

定性的なゴールは「○○をできる状態」と言い換える

数字で表現することが難しいから明確化が難しくなるわけですが、数字にできないからといって「だったらそのままでいい」というわけにもいきません。定性的にしか表現できないゴールも、リーダーとメンバーが同じ認識を持てなければいけません。

ではどうするか？

定性的なゴールは、「○○をできる状態」と言い換えて定義すると明確になります。

従業員満足度が高いとは、「従業員が○○をできる状態」と言い換えてみると、どんな項目が入りそうでしょうか？

たとえば、

- 従業員が、自分のアイディアを会議で発言できる状態
- 従業員が、みんな定時で仕事を終えて帰宅できる状態
- 従業員が、35歳でマイホームを買える状態

などが出てきそうです。

出てきた「できる状態」は、多かれ少なかれ従業員満足度につながっていそうです。そしてこの中でどれを選ぶか、どの「できる」にするかをリーダーが決める、もしくはメンバーと一緒に考えていけばいいのです。

ゴールを言語化してアクションに変える

定性的なゴールを「できる状態」に言い換える

最初から全員が満足のいく表現は出てこないかもしれません。しかし、「従業員満足度を上げる」というフレーズでは何をしたらいいのかが永遠にわかりません。たたき台としてでもいいので、「できる状態」として示してみましょう。

「お客様第一主義」はどう定義する?

別の例を取り上げましょう。「お客様第一主義」というゴールが掲げられたとします。これも同じように言語化していきます。

日本では仕事の中で意味がわからない言葉が出てきても、ほとんど質問・確認されません。「お客様第一主義」と聞いて、「それは具体的にどういう意味ですか?」と質問する人は稀です。そんなことを聞いたら、「自分で考えろ!」と怒られてしまいそうです。そのため、なんとなくの方向がわかれば、それ以上は突っ込んで確認したりしません。その言葉はあいまいなまま残ってしまいます。わからないことがあっても聞かないのが通常です。

繰り返しになりますが、それでは行動につながらず、結局お客様を笑顔にすることはできなくなります。なので、それをリーダーが明確にし、チームメンバーがその目標・目的に向けて進んでいけるようにしなければいけません。

ではどのように言葉にすればいいのでしょうか？

まずは「文章にする」が第一段階です。表現があいまいになる理由として「単語・名詞で示そうとするから」があります。「お客様第一主義」「風通しのいい会社」など、単語や名詞で表現しようとすると、どうしても情報が削られてしまい、あいまいになります。

そういうときは、主語と述語を入れて文章にすることがポイントです。さらには、主語は、やや特定した人物像にし、述語は「○○できる状態を目指す」というフレーズにしてみます。

たとえば、飲食店が掲げる「お客様第一主義」というゴールは、

「子ども連れ家族のお客様」が、「子どもが騒いだりしても周囲の目や時間を気にせずに食事ができる状態を目指す」

「一人で来店されたお客様」が、「誰にも見られず、店員とも話さずに会計までできる飲食店を作る」

などが考えられます。

第一主義といっても、お客様を神様扱いして自分たちは奴隷になるという意味ではありません。お客様が何をできるようになれば、「お客様を第一に考えた」ことになるのか、自社の考えを語ればいいわけです。

また先ほどの「笑顔にする」という言葉も、必ずしも笑わせる必要はありません。安心できる、恥ずかしくない、も「笑顔にする」ことのひとつです。

もちろんこれらは一例で、ほかにもいろんなパターンがあります。どれを目指しているのかを特定させるために、「○○（誰）」が「○○できる」状態を目指す、という文章にするのです。

そして、さらに重要なこととして、このように表現したあとはやるべきことがより明確に見えてくるのです。「お客様第一主義」を掲げられても、現場のメンバーは何をしたらいいかわかりません。でも、「子連れファミリーが、まわりの目を気にせずに食事ができるようにする」だと、いろいろ案が出てきます。

子連れファミリーに、まわりの目を気にせずに食事をしてもらいたければ、

- **子連れファミリー専用のエリアを作り、そこにご案内する**
- **子どもが怪我をしないように段差をなくす工事をする**
- **声が大きくても周囲に迷惑がかからないように、防音設備を導入する**

などの具体的アクションを考えつきますね。

一人で食べに行くのが恥ずかしい……と感じている方に安心感を与えるためには、

- **とにかく一般エリアからの視線を遮るパーテーションを置く**

●タブレットで注文から会計までできるシステムを導入する

などが考えられます。

このようなフレーズに変換すれば、アクションを想起できます。そしてアクションが想起できれば実行できます。実行すれば、やがてそのゴールを実現できるようになるのです。

余談ですが、ぼくはわりと大人になるまで回転寿司で板前さんに注文を伝えることが結構なストレスでした。いろんなところから注文が飛んで行っているので、なかなかタイミングを計れなかったんです。好きなネタを頼めず、仕方がないから回っているネタの中から選んで食べていた時期もあります。今は多くの回転寿司でタブレットで注文できるのでとてもとてもありがたく感じています。

リーダーは経営者とメンバーを橋渡しする

「うちの社長は何を言っているかわからない」。そんな愚痴を聞くケースがあります。たしかに感覚的な経営者はいますね。組織のビジョンを示そうとはしていますが、明確になっていません。そこは明確にしてもらいたいところですが、「社長が考えていることがよくわからないから、自分たちは動けない」と結論付けてしまってはいけません。

ここはリーダーであるみなさんが、経営者のあいまいな指示を言語化し、メンバーに伝える橋渡しを担えるとベストです。何をすれば経営者が掲げたゴール（ビジョン）を達成できるのか、それを言葉にするのがこれからのリーダーに求められる役目かもしれません。

たとえば、「顧客満足度を高めよう」というフレーズを今期の目標として掲げている組織もあるでしょう。ただ、このフレーズを掲げても、何をしたらいいかわからない。何をすることで顧客満足度を高めることができるのか、メンバーが何をすればいいかがわからない。

また、そもそも「顧客満足度」が何を指すのかも具体的にはわかりませんね。顧客満足度を高めるといっても、すべて顧客の言いなりになることを目標としているわけではないはずです。顧客の言い値で売ろうとしているわけでもありませんね。

そんなことはわかりきっていると言われそうです。ですが一方で、「では顧客満足度とは？　顧客満足度を向上させるのに直結するアクションは？」と聞かれるとわからないんです。これでは自社のメンバーが何をすればいいのかがわかりませんね。

もちろんいろんなケースがあるでしょう。少なくともリーダーの頭の中には暫定案だとしても「これをやればいい」というイメージを持ちたいところです。

リーダーは「定義」する

リーダーは何を考えればいいいか？　ここで必要なのが「定義」です。

リーダーは経営者が掲げたあいまいなゴールを定義することで、より明確にしていきます。たとえば、「顧客満足度を高める」はいろいろな解釈があり得ます。そこでこの言葉を定義します。

定義するとは、「達成に必要な条件を挙げる」ということです。

一般的に、「定義する＝『○○とは、××のこと』、と言い換えること」と考えられていることが多いです。しかし、これは定義になりません。「いい仕事とは、登山のようなものである」「最高の飲食店とは、究極のエンターテイメントである」という表現を見てもわかるように、これは単なる比喩・言い換えです。別のキーワードで言い換えているだけで、中身を何も説明していません。

定義とは、「それが成立するための必要条件を挙げること」です。その仕事が「いい仕事」になるための条件（必要な要素）を挙げれば、「いい仕事」の定義をしたことになります。最高の飲食店になるための条件をリストアップすることが、最高の飲食店を定義することになります。

「顧客満足度を高める」というゴールが示されたら、リーダーであるあなたはまずこの言葉の定義をします。何が満たされれば顧客満足度が高まったと言えるのかを考え、必要条件としてリストアップするわけです。たとえば、

- **顧客からのリピート発注率が10％上がること**
- **新規のお客さんの紹介を依頼したとき、既存顧客の半数が応じてくれること**
- **顧客からの商品の使い方についての問い合わせが現状の半分になること**

と考えたとしましょう。これがあなたにとっての「顧客満足度が上がった」という定義です。

もちろん、この定義は暫定案です。チーム内ですり合わせたり、経営トップに確認したりする必要が出てくることもあります。ここで大事なのは暫定でもいいからとにかく定義をしてみること、と捉えてください。

そして、ゴールの定義は何階層にもわかれることもあります。

たとえば、「商品のブランディング」を経営者から命じられました。このままメンバーに「よし、商品のブランディングだ！　みんな動け！」と伝えても、メンバーは何もできません。そこで定義をします。仮に「ブランディング＝30代・40

ゴールを定義する

達成に必要な条件を挙げる

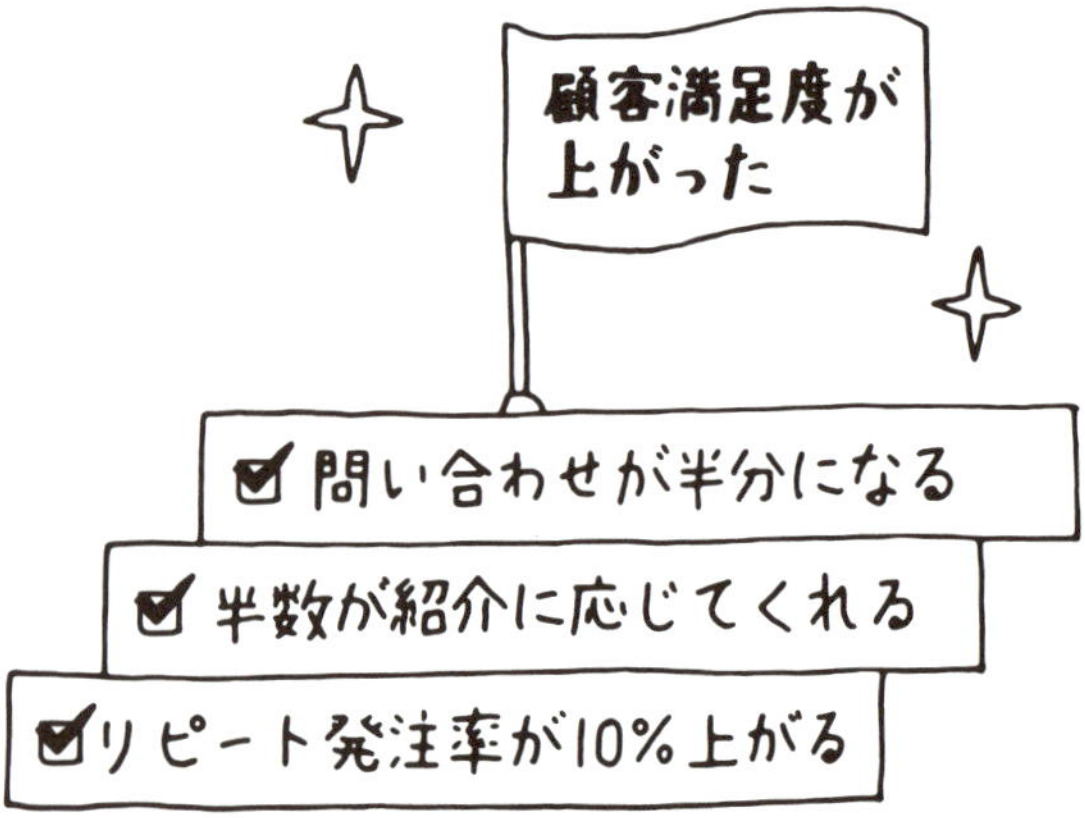

代のOLのうち、過半数が知っている状態」とします。となれば、知名度を上げればいいということが見えてきます。

ですが、まだ終わりではありません。「よし、対象顧客の半数が知っている状態を目指そう！　みんな動け！」と伝えても、まだ動けないのです。それは「知っている状態」がまだあいまいで、施策を明確に出せないからです。

「知っている」とはどういう状態を指しているでしょうか？「この商品、知っていますか？」「はい、知っています」というレベルでしょうか。店頭で見て「この商品よく見かけるから売れているのかな」と思ってもらえるレベルなのか、そ

GOAL
「商品のブランディング」を定義する

↓

- 30・40代のOLの過半数が知っているレベル
- 「○○と言えばこれ」と即答するレベル
- 「よく見かけるから売れているのかな」レベル
- 「知っています」レベル

＝

ゴールが自分の中で明確になるまで定義を繰り返す

れとも「○○といえば、この商品」とそのカテゴリで即答してもらえる状態なのでしょうか？　どれが正解かではなく、自分がどの状態を意図しているかがポイントです。そして、経営者から示されたゴールが自分の中で明確になるまで、定義を繰り返すということが大事なのです。それが明確になれば、必然的にやるべきことが明確になっていきます。そして、メンバーに指示することも明確になります。

リーダーは目的に向かうための「中ボス」を言語化する

経営者が掲げるビジョン（スローガン的ゴール）を言語化し、アクションに変えれば、メンバーが動けるようになります。ただ、経営者が掲げるスローガンが壮大すぎて、アクションに落とし込むのが難しい場合があります。経営者が掲げるスローガンを定義しても、まだまだ何をしていいかイメージがしづらい場合があるわけです。

先ほどの例でも「ブランディング」の定義は、知名度だけではないかもしれません。ライバル商品より高くても買ってもらえることかもしれませんし、「真っ先に思い出してもらえる商品になること」かもしれません。実際には複数の要素を満たした結果、「ブランディングができた」と考えるのではないでしょうか。それらの要素をステップとして捉え、さらにそこから細かく特定していきます。

その場合は、定義として出した要素群を小スローガンと考え、さらにそれらを定義していきます。

知名度を上げるための施策と、値段を上げても買ってもらえる施策は別です。そのため、分けて考えないと実行に移せません。これらの小スローガンを「中ボス」と見立てて、何を実現させれば、最終的にラスボスまでたどり着けるのかを順序化します。そうすることで、やるべきことが単要素化し、取り組みやすくなります。

組織によっては、同じ意味合いとしてＫＰＩ（中間目標）として示されていることもあります。ただ、ＫＰＩの場合は、指標を設定することがなかなか難しいです。最終ゴールと無関係だけどやったほうがよさそうなものが指標になることもあり、実効果が薄れてしまうこともあります。

たとえば、かつてぼくがアドバイザーで関わった組織では、営業成績を上げるために「訪問社数」「アポイントの電話をかけた数」などがＫＰＩとして管理されていました。リーダーの考えとしては、訪問社数が増えていけば、さらにその前のアポ電をかける回数が増えていけば、営業成績につながるだろうという想定をしていたわけです。

ゴールを小分けする

ですが、当然ながらむやみやたらに電話をかけても意味がありませんし、自社を必要としているクライアント1社に訪問するほうが、暇つぶしで打ち合わせしてくれるクライアント10社に行くよりも、よっぽど意味があります。

KPIにすると数値化されるので、把握・管理できている気分になります。でも大事なのは数値化することではなく、やるべきことをやることです。ぼくが関わっている現場では、KPIの設定よりも、中ボスを言語化するほうがより成果につながっています。

ゴールに向かうための言語化

「中ボス」を言語化する

共通言語としての思考の「型」があれば、リーダーは自分の言葉に自信を持てる

リーダーは、メンバーのタスクを明確にし、正しい方向に進めるように示さなければいけません。しかしこれが怖い。リーダーは決して完璧な正解が見えているわけではなく、自分でも「間違っていたらどうしよう」と内心不安になりながらメンバーに指示をしています。

感覚として「よさそう／ダメそう」という印象は持てますが、その感覚が本当に正しいのか不安だったり、やっぱりこっちのほうがいいかなと揺れていたりします。

また、メンバーに伝えたときに反論や批判を受けることもあります。そのときにどう説明したらいいかわかりません。そのため、意図的にあいまいな表現を選んでしま

うこともあります。

ここでリーダーに必要なのは、**考え方と言語化の「型」**です。この場合はこのように考えて、ここを言葉にすればいいという型を持っていれば、メンバーに対して説明ができます。チーム規模だけでなく、会社全体の方針を決めるときにも、迷ったときに立ち戻れる指針を持っているのは強いです。

たとえば、パタゴニアは「地球が私たちの唯一の株主」と掲げ、同社の目的を「私たちは、故郷である地球を救うためにビジネスを営む」(同社ホームページより)としています。この指針があるから、リーダーも自信を持って考えられるわけです。仮に目の前でものすごく売れそうな商品アイディアがあったとしても、「うちは地球を救うビジネスしかやらない」という指針があれば明確に判断できます。メンバーから「なんでこんないいチャンスをみすみす逃すんですか?」と突き上げを食らったとしても、「指針に戻って考えたら、やるべきではないね」と明確に考えられる。少なくとも「このように考えていけば、こんな結論になる」という明確な説明がメンバーに対してできます。ここが重要なのです。

言ってみれば、その型がリーダーとメンバーの共通指針になり、目線をそろえて議論することができるようになります。この指針がないと、リーダーもメンバーもお互いに非常に主観的な（もしかしたらそのときの思いつきで）自分の考えを主張していきます。こうなってしまうと、宗教戦争のように正解がなくなり、正義と正義のぶつかり合いになってしまいますね。そして自分と異なる視点を持っている人を「あいつはバカだ、勉強不足だ、付き合っていられない」と切り捨てることになるのです。

メンバーとの共通指針になる、考え方と言語化の「型」を持っているかが大きなポイントになります。次の項から、その「型」について説明していきます。ビジネスで言語化が必要な要素と、その要素を言語化させる型をぜひ身につけてください。

型を持っていないと、商談が一方的な演説になってしまう

かつて営業担当者と一緒にクライアントに伺ったときの話です。商談の場なので、

商談をすると思いきや、雑談がほとんどでした。また自社サービスの話をするときも、サービスの内容をひたすら語っているだけでした。

「この商品の特色はこういうところで……」
「こんな体制でサポートいたします。安心してご利用いただけます」

クライアントはただ資料を見ながら頷くだけで、一言も発しません。「刺さっていない」のは、誰の目にも明らかでしたが、営業担当者がひたすら話し続けます。まったく会話になっていませんでした。

こういうシーン、よく見かけると思います。というより、ほとんどの商談の場が、営業の演説になっていると思うんです。最近は、スターバックスなどのカフェでも生命保険のセールスをしている光景をよく目にします。その「商談」も営業が一方的に商品サービスを説明しており、顧客は黙ってそれを聞いているだけです。第三者のぼくから見ても、話が長すぎて顧客は集中力を失っています。これではビジネスはうまくいかないでしょう。

先ほどの営業担当者は、直属のリーダーから「クライアントに足繁く通って、新商品の提案をするように」と言われていました。たしかに、クライアントへの訪問数が増えれば受注につながりやすくなるかもしれません。でも、足繁く通ったからといって発注がもらえるわけではありません。その場で何を話すか、どのように提案するかによって成果は大きく変わるでしょう。

クライアントに足繁く通ったところで、このような演説や長々とした説明を繰り返していたら何も意味がありません。同じ「足繁く通う」でも「商談する」でも、その場で何をすれば成果につながるのかを捉えていなければいけないわけですね。ここがあいまいだと、メンバーがいくら努力してもなかなか報われなくなります。

型を持っていないと、会議も中身がなくなってしまう

会議でこんな会話を聞いたことはありませんか？

A「新商品を企画して、市場シェアを高めたい」
B「顧客に新しい付加価値を提供して、ライバル商品からのリプレイスを促しましょう！」
A「賛成！　ではどんな付加価値が実現できそうだろうか？」
B「うちの技術を活かして、これまでにない機能を付けるのはどうでしょう？　ライバル商品にはこの機能はありません。差別化になります！」
A「それでいこう！　よし、差別化をして一気に市場を取りにいくぞ！」

特に変なところはなく、普通の会話に見えるかもしれません。でも、よくよく考えてみると、お互いに何を語っているのかわかりません。AさんBさんとも、特定の案があるようには思えませんし、仮にあったとしても、自分の頭の中にあるイメージが相手とは共有できていません。

たとえば、付加価値という言葉があります。Bさんは付加価値を提供し、ライバル商品を使っているクライアントに、自社商品を使ってもらえるように提案しようと語っていますね。
でもその付加価値って何なのでしょうか？　どんな機能を付けたら付加価値になるのでしょうか？

そもそも付加価値とは、自社ではなくクライアントが認めるものです。クライアントが欲しいと思う機能でなければ付加価値にはならないはずです。しかし実際には、クライアントが欲しい機能ではなく、「自社が追加できる機能」のことを付加価値と呼んでいるケースが多いです。

付加価値は「付け加える価値」と書くので、何かを追加したらそれで付加価値を提供したつもりになってしまうのです。たしかに、テレビやパソコン、スマホも初号機にどんどん新しい機能が追加されて進化してきました。そしてたしかに、消費者も喜んでいました。しかし今となってはどうでしょうか？　iPhoneですら、新しい機能はもういらないと感じるのではないでしょうか？

余談ですが、以前、携帯ショップでiPhoneの機種変更をしました。そこでiPhone14

かiPhone14Proかを迷い、何が違うのかを店員さんに聞いてみたんです。

店員さんが説明してくれたのは「Proのほうは、ストップウォッチ機能やアラームがホーム画面に表示できます」という内容でした。ストップウォッチのアプリ画面を閉じても、ホーム画面に小さくストップウォッチが表示されるという意味ですが、正直なところ、この機能がなぜ追加されたのかわかりませんでした。

店員さんに「この機能はどんなときに使う想定なんですか？」と聞くと、返ってきた返事は「私たちもわかりません……」でした。

これはアップルが悪いのでも、キャリアが悪いのでも、ましてや店員さんが悪いのでもありません。もはや付け加えるべき機能がなくなっていて、苦し紛れの追加機能になっているのです。であれば、機能を追加したところで「顧客が求める付加価値」にはなりませんね。

先に挙げた会議の例は、率直に言って、多くの組織で見られるパターンです。この「会議」が終わったとしても、何も残りませんし、何も動けません。もしリーダーが

「型」を持ち、メンバーと共通の指針として「型」に基づいて会話ができれば、このような状態は避けられます。

ビジネスシーンで最重要な言語化の型 〜価値を言語化する〜

ビジネスで最初に身につけたい型は、「価値」と「差別化」です。

ビジネスの目的は顧客に価値を提供し、収益を上げることです。「顧客に価値提供したい」「消費者に価値あるものを届けたい」など、ビジネスシーンで「価値」は非常に重要なキーワードです。

ところが、それだけ重要なキーワードであるにもかかわらず、この「価値」が非常にあいまいなんです。価値とは何ですか？　と聞かれて明確に答えられる人はほとんどいません。そのため、リーダーとメンバーで認識がそろわず、リーダーが示した「価値を提供する施策」に対しメンバーが「それって意味があるんですか？」と、文句にも聞こえるような反論を出してきます。リーダーも「これが価値だ」と確信を持っていたわけではないので、揺らいでしまいます。

ここで必要なのが共通言語としての型ですね。価値を言語化するときの考え方の型は、3つです。

1）価値は、相手に変化を与えるものである
2）価値は、相手のテンションを上げるものである
3）価値は、相手に伝わらないほどの自分のこだわりである

この3つが「価値」です。いろいろな商品サービス形態があり得ますが、最終的にはこの3つに集約できます。

●変化

1つ目は「変化」ですね。近年のライザップのCMを思い出してもらえればわかりやすいです。相手に変化（ビフォーアフターの比較）を提供すれば、価値として認識してもらえます。自社の価値を技術力の高さやアフターサービスの充実度と捉えるケースがありますが、それ自体は価値にはなりません。その技術力の高さで、相手に変化を提供できるのであればその変化が価値になります。アフターサービスが充実していてもそれ自体は価値にはなりません。それがあることで、顧客の不満な状況を変えられるから（改善できるから）価値になるわけですよね。

メンバーには、「この機能を追加したら、顧客にどのような変化を与えることができる？」と問いかけることで共通の指針での議論ができます。

●テンション

2つ目は、「テンション」です。相手のテンションを上げるものも価値になり得ます。家で配信を見ていたほうが圧倒的にいい環境なのに、わざわざアーティストのライブに行くのはテンションが上がるからです。特に痩せたり、お金持ちになったりするわけじゃないのに、部屋でアロマキャンドルを焚くのは、なりたい気分になれて気持ちがいいからです。テンションにはライブに行ったり、テーマパークに行ったりしたときに感じる「動のテンション」と、ハワイで波の音を聞きながらリラックスするような「静のテンション」があります。どちらにしても、相手の気分を上げることは価値として認めてもらえます。

●こだわり

3つ目は、「相手に伝わらないほどの自分のこだわり」です。非常に逆説的ですが、顧客には意味がわからない・伝わらないほどのこだわりを持っていると、逆におもしろく感じます。ものすごいこだわりを持っている職人さんに出会うと、その人が作った商品を欲しくなりませんか？　自分には意味がわからないので、本来は不要なものです。ですが、意味がわからないほどの細かいこだわりを示されると、感心を超えて感動したりします。「強烈なこだわり」も価値として認識してもらえます。

そして大事なのが、これをメンバーとの共通指針にすることです。「今回の商品で提供するのは、この変化だったよね。今、提案してくれた機能は、その変化を与えるために必要だろうか？」「価格を安くしたら、誰でも喜ぶかもしれないけど、ポイントは価値を提供することじゃない？　価格を大きく上回る価値を提供できれば買ってもらえると思うけど、どうだろう？」と投げかけることができます。（価値と後述の差別化など、ビジネスに必要な要素の言語化方法は、拙著『すごい言語化』で詳しく解説しています。興味がある方はぜひお読みください。）

日本企業は長らくプロダクトアウト（自分たちができることを商品にする発想）でビジネスを作ってきました。まず技術ありき・自分ができることありき、で商品を作ります。そして、商品ありきで、その商品を買ってくれる顧客を探すという順番で考えられているケースが多かったです。そのため、相手になかなか目が向きません。相手が欲しいものを作ろうというより、自分たちができることは何か？　からスタートしているので無理もないかもしれません。

そして、「自分たちが頑張ること＝価値」と認識しがちです。もちろん自分が何か考えるのは大事なことで、頑張ることも大切だと思います。ですが、だからと言って顧客が商品を欲しいと思うわけではないという事実を再認識しなければいけませんね。

価値とは何か？　の指標がバラバラで、みんなが思い思いの「いいと思うもの」を挙げていくと、単なる水掛け論のようになってしまいます。それを避けるために、またリーダーが言葉に自信を持てるようになるために、型を仕入れることがとても重要です。そうすればリーダーがメンバーと会話するときに、「価値がこの3パターンで示されるとすると、今回は『変化を与える』だと思います。そして、顧客をこのように変化させることが今回の商品の価値だと思っています」と伝えられますね。

仮にメンバーから異論反論が出ても、「私は、〇〇という変化をうたうほうがいいと感じています」のように軸がそろった会話ができるのです。

ビジネスシーンで最重要な言語化の型
～差別化と付加価値を言語化する～

ライバルとの差別化を打ち出す場合は、どんな型で考えればいいでしょうか？

結論から言うと、差別化は「○○を実現させようとしたときに、既存商品では達成できない、うちの商品なら達成できる」を伝えることです。

「差別化」と聞くと、既存商品との違いを列挙しがちです。しかし、それは単なる「違い」です。差別化は、「ほかの商品ではなくうちの商品を選ぶ理由」になっていなければいけません。同じ業態でも飲食店によって看板の色は違います。ですが、それを誰も差別化戦略とは呼びませんね。看板の色が違うからといって、「うちを選んでもらえる」とはならないからです。

同じように、他社にない機能を実現して提供することも差別化ではありません。他社には実現できない機能であっても、それを顧客が必要としていなければまったく意味がありません。ポイントは、違うかどうかではなく、①「顧客が欲しいと思っていること」、そして②「既存商品ではそれが実現できないこと」、最後に③「それを自社が提供できること」です。

メンバーと会話するときは、単に「差別化を打ち出せ！」ではなく、「顧客がやろうとしていることで、ライバル商品にはできず、うちの商品でできることを表現したい。どんなことがあるだろうか？」と投げかけることができます。

付加価値とは、まだ提供できていない変化のこと

差別化と並び、「付加価値」も重要ワードです。

新商品を企画する際に「付加価値」を意識している方は多いと思います。いろいろ考え、頑張って付加価値をつけようとしますが、ほとんど成功していません。それは

技術や能力がないからではなく、付加価値という言葉を正確に捉えられていないからだと感じます。

最新の白物家電を思い出してみてください。数年前のバージョンと比較すると、いろいろな機能が追加されています。メーカー各社が新商品を出すたびに付加価値をつけようとしてきた結果なのでしょう。ですが、ほとんどの機能は（大変失礼ながら）多くの人にとってはいらないものではないでしょうか？

よく言われることですが、テレビのリモコンには何年も押さないようなボタンがいくつもあります。そもそもその機能があったことを知らないこともあります。「そういうニッチなニーズを掘り起こしている」という考えもあるかもしれませんが、ニッチなニーズを掘り起こすのであれば、販売段階でしっかりと告知しなければいけません。そして、消費者がその機能があるから欲しいと言っていなければいけません。

単なる違いが差別化にならないのと同じように、単に何かを付け加えることが付加価値になるわけではありません。もはやメイン機能で付け加えることがなくなっていて、重箱の隅にまで目を向け、そこをつつくかのような機能が追加されています。これでは意味がない。

付加価値とは、新しく付け加える価値ですね。価値を「変化」と捉えるならば、**付加価値は追加の変化**、「**まだ提供できていない変化を提供すること**」です。つまりは、「**まだ解決できていない課題を解消すること**」です。

たとえば、既存商品を使っている人がずっと持ち続けている不満（商品に対する不満）があります。その不満をなくすことができれば（その点を変化させられれば）、付加価値を提供したと言えるわけです。

商品に付加価値をつけて価格を上げようと考えるならば、まだ手付かずの変化

判断するための思考と言語化の「型」

「価値」
ー変化
ーテンション
ーこだわり

「差別化」
ー顧客が欲しいと思っていること
ー既存商品では実現できないこと
ー自社が提供できること

「付加価値」

ー解決できていない課題を解消すること

（相手が欲しい変化）を提供すればいいとわかります。メンバーと会話するときも、「未提供の変化はどんなものがあるだろうか？」「既存クライアントが、今もなお改善してもらいたいと思っている点は何だろうか？」と問いかければいいのです。

「ゴール」の言語化

ゴールを言語化してアクションに変える

定性的なゴールを「できる状態」に言い換える

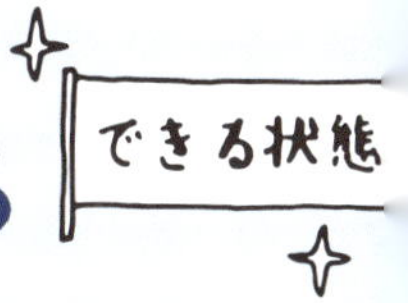

ゴールを定義する

達成に必要な条件を挙げる

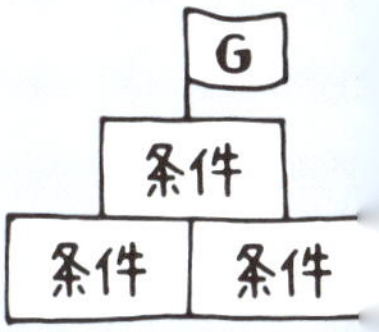

ゴールに向かうための言語化

「中ボス」を言語化する

判断するための思考と言語化の「型」

「価値」
- 変化
- テンション
- こだわり

「差別化」
- 顧客が欲しいと思っていること
- 既存商品では実現できないこと
- 自社が提供できること

「付加価値」
- 解決できていない課題を解消すること

3 章

「指示」の言語化

相手にとってもらいたい
アクションを明確にする

3章のポイント

リーダーが示すべき3つのアクション

あいまいな指示を明確にする

無駄をなくす

軌道修正する

期待値を明確化する

「食生活に気をつけてください」は言語化されていない表現

突然ですが、ぼくは痛風持ちです。7、8年前に突如発症して、長い間ずっと痛風発作に悩まされていました。もちろん病院に行き、薬はもらっていたのですが、一向に改善の気配がありません。

お医者さんには、「食生活に気をつけてください」とよく言われます。正直、毎回言われます。痛風は贅沢病と言われるほど、「おいしいものを食べている人がなる病気、お酒を飲みすぎている人がなる病気」というイメージがありますね。ぼくもそう思っていたので、「食生活に気をつける」ことにはまったく異論はなく、しっかり食生活に気をつけていました。

具体的には、コロナ禍前は毎日飲んでいたお酒を月2、3回に減らしました。ウニやあん肝など食べるはずはなく、筋トレにもメリットがあるササミなどの鶏肉を毎日たくさん食べていました。脂っこいものを避け、糖質を避け、タンパク質と野菜を中心に食べていました。そしてお水は毎日欠かさず2リットル飲んでいます。

……なのに、尿酸値が下がらず、変わらず痛風の発作が出ていました。

なぜでしょうか？　それはぼくが摂っていた食事が悪かったからです。

ぼくは食の健康については専門家でも何でもありません。ですが、先ほどのぼくの食生活は「体にいい（少なくとも、気をつけている）」と感じてもらえると思っています。でもこの食事をしていても痛風は治まらないのです。この原因は、ぼくがお医者さんのアドバイスに従っていなかったからです。正確には、従っているつもりで従っていなかったからです。

ぼくは「食生活に気をつけて」と言われたので、そのとおりにしました。しかし、「食生活に気をつけてください」というフレーズは、じつはまったく言語化されていない（明確になっていない）フレーズなのです。

お医者さんから指示を受ければ、食生活に気をつけたほうがいいということはわかります。でも、毎日何を食べたらいいのかわかりませんね。何を、どのように食べることが「気をつけていること」になるかわからないのです。同時に、何を避けなければいけないかがわからないのです。

実際、ぼくが健康を気遣ったつもりで食べていた鶏肉はウニと同じレベルで痛風に悪影響を及ぼしています（痛風にとって、ササミはウニよりも害が大きいことも、最近知りました）。

調べた中で最も痛風に影響度が高い食材はニボシで、100g当たりに含まれるプリン体の量は、じつにウニの5倍以上です。

本書は痛風の症状改善に関して語る本ではなく、痛風にいい食材・悪い食材の議論は本論ではありません。**ぼくがみなさんに注目していただきたいのは、「食生活に気をつけてください」というフレーズが、相手の正しい行動を引き出していないという点**です。つまりこれは、**相手への明確な指示になっていない**ということなのです。

お医者さんを非難しているのではありません。人から何かアドバイスを受けると、ぼくらは「それって、こういうことだよね」と頭の中で勝手に解釈を加えます。その解釈が相手の意図と同じこともちろんあります。でも、ズレて誤解されるケースも必ずあるのです。誰かに指示・アドバイスをするときには、相手がとるべきアクションを明確にする必要があります。ぼくの痛風対策でいえば、「食生活に気をつけて」ではなく、「○○を食べてください。○○は避けてください」と言わなければいけないのです。ほぼ2か月に1回のペースで痛風発作が出ていたぼくとしては、これは声を大にしてお伝えしたいです。

余談ですが、痛風は「風が吹いても痛い」とイメージされていますが、これもかなり誤解です。触っても痛くないし、マッサージはむしろ気持ちよく感じます。この痛風という文字も人の判断ととるべきアクションを変えてしまう言語化できていない言葉だと、一人で勝手に考えています。

目標設定だけでは動けない

組織のメンバーがモチベーション高く、ストレスなく仕事をするのはとても大事です。組織の大きな推進力になるでしょう。そして同時に、リーダーはその推進力をどこに向けるかを明確に示さなければいけません。やる気MAXのメンバーが大勢いても、何をしたらいいかわからなければ、当然ながら船は前に進みません。

リーダーはメンバーに明確な指示をしなければいけないわけですね。ゴールを明確に示し、そしてそのゴールへたどり着く方法を指示することが不可欠です。

多くの企業で、メンバーの「目標」を決めています。目標設定を重要なタスクとして捉えているケースも多く、納得感が高く、メンバーが成長する「目標」を決めることが重要と考えられています。目標を設定することは構いません。ただ、目標を設定すればメンバーが成長すると考えるのはかなりの誤解だと感じます。

目標はゴールです。ゴールを示せば、自分が向かうべき先を理解することができますね。でも、もしそこに向かう方法がわからなければ、何もできずに時間だけが過ぎていきます。ある程度経験を積んだメンバーであれば、それまでの経験から何かしら推測してアクションを考えることができます。しかし、経験が浅いメンバーはゴールを示されるだけでは動けず、立往生するだけです。

自ら考えて動かないのは、考える力がないのではなく、何をしていいかわからないからです。何をしていいかわからないときに、ゴールだけ示されるのは、むしろプレッシャーだけ与えられてストレスになります。

目標を設定するのであれば、そこに向けたアクションプランも同時に提示しなければいけません。それを提示せずに「目標を達成しなさい」と伝えるのは、育児放棄と一緒です。リーダーとしての責任を放棄していると言わざるを得ません。

「俺の時代はそうだった」

「仕事のやり方を盗んで成長していくものだ」

という反論もあるかもしれません。たしかに、かつてはＯＪＴと称して「現場で、体で覚えろ」というスタイルが多かったと思います。ぼくも若いときにはほとんど仕事のやり方を教えてもらえず、本当に苦労しましたので、お気持ちはすごくわかります。

でも、自分が育ててもらえなかったからといって、「だから俺・私も育てない」と考えるのは違いますよね。

理解を促すよりも、動き方を示す

先日、ある著名なお坊さんから、「禅」についてお話を伺いました。禅とは何か、禅で重んじているものは何か、さまざまなお話を伺い、聞いているだけで心が落ち着き、満たされていく感覚になりました。

このお話の中で、ぼくが特に印象に残っているのが、「禅は実践主義だ」ということです。頭で考えるのも大事だが、考えることよりも行動するほうが大事、行動しなければ意味がないというメッセージを受け取りました。

言われてみれば当たり前のことですが、いくら考えても行動していなければ何の意味もありません。そして、正解はどれだろう？　この場合はどう考えたらいいだろう？　など、物事を理解しようとして前に進めないでいるより、とにかくやってみることのほうが成果は得られます。

これは人材育成でも同じことです。相手が理解していないよりは、理解していたほうがいいように感じますが、多岐にわたる要素を考えたり、理解させようとすることで相手が行動できなくなるのであれば、それはむしろ害になり得ます。そして現代では、いろんな情報があふれていて、もはやこの場合では何に目を向けて、何を理解すればいいのかがわからなくなっています。

インフレを勘案しろ、ＡＩも取り入れろ、海外情勢にも意識を向けろ、人材が枯渇してくるぞ、高齢化社会がますます進行していく……などなど、すべての状況を理解して最適解を導き出そうとすると、それこそAIにしかできないような超難易度が高いタスクになってしまいます。

人々のニーズも昔のほうが単純でした。車やマイホームはライフイベントのようにみんなが欲しがっていました。より大きいテレビを出せば買ってもらえました。家に帰ってきたらテレビを見る、通勤の電車の中では新聞を読む、仕事終わりに飲みに行ったら「とりあえずビール」など、以前のほうが人々の行動が決まっていましたね。そのため、マーケティングも昔のほうが考えやすかったはずです。

こういうときには、知識や理論を身につければ、ある程度の答えを出すことができました。でも今はそうはいきません。やってみないとわからないことがたくさんあり、考えるだけではほぼ意味がなくなっています。

そういう意味で、リーダーは「何を知るべきか」よりも、「何をすればいいか」を相手に伝えてあげたほうが、相手が成果を出せると思うのです。

ゴールまでの道筋を示す

「仕事をしたつもり」という言葉があります。ぼくもサラリーマン時代は仕事をしたつもりで、実際にはほとんど仕事をしていなかったようにも思います。会社に行ってメールを返信して、打ち合わせに出て、資料を作って……と毎日かなりの時間、会社にいました。そしてそれが自分の仕事だと思っていました。しかし、これらはゴールに近づくための仕事ではありません。資料を作ったところで、チームのゴールは何も達成されません。打ち合わせをしても情報共有をしても、なんら売上は上がりません。

つまりそれらは(やらなければいけないかもしれないけど)「ゴールに向けて自分がすべきこと」ではなかったわけです。

日本のホワイトカラーの生産性は先進国の中で残念ながら低水準です。しかしこれはサボっていて、やるべきことをやっていないというわけではないと感じます。少なくとも自分としては仕事をしています。しかし、それが意味がある本当の意味での「仕事」になっておらず、結果的に生産的ではない、ということです。

問題は、何をすることがゴールに向かうことなのかを把握していないことです。仮にゴールが明確だったとしても、日々何をすべきかがあいまいです。ここをリーダーが明確に言語化して指示を出さなければいけません。

リーダーが示すべき3つのアクション

多くのリーダーシップ本に、「メンバーが自分で考えるように、リーダーから細かく指示を出してはいけない」と書いてあります。細かく指示をしてしまうと、メンバーは常に「正解」を求めるようになり、自分で考えなくなるということですね。たしかに、メンバーの一挙手一投足を指示・修正していたら、メンバーは常に上司からの指示を待つことになると思います。これでは仕事は進みませんね。そういう意味で、細かく指示をしないというのは一理あります。

ただし、細かく指示をしないというのは、あくまでも「やるべきことを伝えたうえで」です。メンバーがやるべきことを、リーダーとメンバーの双方が理解したうえで、アレンジを利かせていい部分を「あとは任せる」と伝えるのはOKです。一方で、メンバーがすべきことをお互いに把握できていない段階で「いい感じにやっておいて」と言い放つのは、完全にリーダーとしての責任を放棄していることになります。

自分で考えさせなければ成長しないというのもわかりますが、考えるにしてもある程度絞り込んでおかないと考えようがありません。

メンバーのアクションは、リーダーが言語化して示します。そして、ここには3つのポイントがあります。

1つ目は当然ながら**「やるべきこと」を言葉にすること**、2つ目は**「やらないこと」を言葉にすること**、そして3つ目は**「間違っている行動の軌道修正」を言葉で伝えること**です。

会社のビジョンが伝えられたとて、メンバーたちにすぐに理解されるわけではありません。組織が示したゴールにたどり着くために何をしなければいけないのか、アクション（ToDo）を言語化します。

「やるべきこと」を言葉にする

まず言語化すべきアクション項目は「やるべきこと」です。お伝えしてきたように、まだまだ日本では成果や業務目標の定義がされておらず、何をすべきかがあいまいなケースがあります。その場合は、メンバーは自分の仕事を正確に把握できません。もちろん、どんな商品を担当しているか、自分に与えられている役割は自覚しているでしょう。しかし、その役割を正しくこなして組織のゴールを達成するために、今日何をすればいいかを明確に把握している方は少ないでしょう。まずはそこを明らかにする必要があります。

リーダーが明確にすべき「やるべきこと」には、もうひとつの意味があります。それは「今日、メンバーが何をやるべきかを示す」ということです。リーダーはメンバーがやるべきことに加えて、メンバーが「今日」やるべきことを明確に指示しなければいけません。

「メンバーがやるべきこと」には、今期・この四半期・今月すべきことといった比較的長期のニュアンスがあります。時間軸として少し長いので、その分「やるべきこと」も抽象的にならざるを得ません。「クライアントに新商品の提案をする」「市場のニーズを調査する」など、方向性を示すアクションになりがちです。

この表現で適切なアクションがとれるメンバーは構いませんが、結局何をしたらいいのかわからないメンバーもいます。その場合は、もっと時間軸を短くして「直近ではこれをやってほしい」ということを伝えます。

これは毎日毎日その日のタスクを伝達しなければいけないということではありません。メンバーが日々のタスクに落とし込めるレベルでアクションを細かく示さなければいけないということです。これについては、本章で詳細に解説します。

「やらないこと」を言葉にする

リーダーが言語化すべきアクションの2番目は、「やらないことを言葉にする」です。組織には完全に不要なのに惰性で継続しているタスクがたくさんあります。よく指摘されるのが「定例ミーティング」ですね。その定期的なミーティング、本当に必要でしょうか？　多くのケースでは、毎週することになっているから今週も集まる、集まって何か話す、というレベルで実施されていると推察します。

日本生産性本部の調査では、日本の一人当たり労働生産性は年間8万5329ドルです。これはOECD加盟38カ国の中でみると31位で、アメリカ（16万7715ドル）の約半分しかありません（労働生産性の国際比較2023）。ただ、労働生産性が半分というのは単純に歩く速度・話すスピードが半分ということではありませんね。日本企業が手掛けている仕事のうち、約半分が「意味がないこと」と捉えるべきです。しかし、当の本人たちはその意味のない仕事を「完全に無駄」とは思っていません。何かしらの意味があると思っているので続けるわけです。何か見落としていることがあるかもしれない、みんなで顔を合わせることが大事、情報は共有しておいたほうがいい、などなど。

しかしそれらのタスクは、組織が掲げるゴールにつながっていないことがほとんどです。**メンバーが惰性で続けてしまっているタスク、「あとで困るかもしれないから念のためやっておこう」と思って行っている業務を指摘し、本来の成果につながるアクションを実行できるようにすることもリーダーの仕事のひとつ**です。

ぼく自身、サラリーマン時代には膨大な仕事を抱えていました。しかしそのほとんどは特に意味のない会議や、その意味のない会議のための資料作り、社内の根回しや調整でした。

ぼくは社会人3年目で富士フイルムからサイバーエージェントに転職しました。当時のサイバーエージェントは社長の藤田さんも20代で、とても若々しい会社でした。営業として入社しましたが、半年後に新規事業の責任者として抜擢され、直属の上司が社長の藤田さんになりました。

初めて藤田さんと打ち合わせする日に、打ち合わせの議題や背景説明を丁寧にまとめたパワーポイント資料を持参しました。社長との打ち合わせなので、クライアントに出すようなきれいな資料を作っていったんです。すると、藤田さんからすぐに指導を受けました。「俺との打ち合わせに、こんな丁寧な資料要らないから。資料作る時間は、事業を作る時間に充てて」。前職の富士フイルムではとにかく資料は丁寧に、体裁はきれいに、誤字脱字も許されない、という文化だったので、藤田さんからいただいた指摘は最初は意味がわかりませんでした。でも、本当に藤田さんは無駄な仕事を嫌っていました。内容がわかればいい、手書きでもいい、大事なのは見栄えじゃない。そういうメッセージを受け取りました。

もちろん、場面によっては見栄えは大切です。ですが、社長室でのマンツーマンの打ち合わせで見栄えを気にする必要は本来ないはずですね。

「間違っている行動」の軌道修正をする

リーダーが言語化すべきアクションの3番目は「**間違っている行動の軌道修正をする**」ことです。成果につながらないアクションをとっているメンバーに対しては、「それではなく、これをしてほしい」と軌道修正をしなければいけません。

もしかしたらメンバーは、リーダーが示したゴールや指示を誤解しているかもしれません。もし誤解があれば、そのメンバーはわかったつもりで別の方向に進んでしまいます。メンバー自身は理解した

リーダーが示すべき3つのアクション

「やらないこと」を言葉にする
「やるべきこと」を言葉にする
定例ミーティング
今日
「間違っている行動」の軌道修正をする

つもりでいるので、日々同じ行動をとり続けます。それではゴールにはたどり着けません ね。その不整合を見つけ、正していくのもリーダーの仕事です。

SMARTの法則を使いこなせますか？

リーダーがメンバーに「やってほしいこと」「やらないでほしいこと」「軌道修正してほしいこと」の3つを提示することで、チームは驚くほど生産性を上げていきます。

あいまいな指示しかできないリーダーと明確な指示ができるリーダー、どちらを目指しますか？　と聞かれたら誰もが「明確な指示ができるリーダー」と答えるでしょう。

明確に指示をする重要性については、異論はないと思います。しかし、この「明確にする」が難しい。明確に言語化しているつもりでも、本当に明確になっているか自分では確認できないのが実際のところです。

そのため、ビジネス書では思考やコミュニケーションを明確にするためのいろんな手法が紹介されています。

たとえば、「ＳＭＡＲＴの法則(Specific、Measurable、Achievable、Relevant、Time-bound)」があります。この法則に基づいて目的を設定すればいいと紹介されていることがありますね。

このＳＭＡＲＴの法則とは、ものごとを表現するときに

Specific：「具体的」にする
Measurable：「数字」で表現する
Achievable：「達成可能」な表現を使う
Relevant：それが何につながっているかの「関連性」を示す
Time-bound：「期限を明確」にする

という5つを意識して組み立てれば、明確になるというフレームワークです。

また、タスクを分解して、そのアクションをステップ・バイ・ステップで分解することも勧められています。「このプロジェクトを成功させてください」と言うのではなく、「まず市場調査を行い、そのあと戦略を作成し、最終的に実装してください」と分けることで、何をすべきかが明確になっていくという理屈ですね。同様に、優先順位

をつけて重要度を明確にすることも有効と言われています。

しかし、これらのフレームワークは、実際には非常に難易度が高く実行に移せません。そもそもこの法則に従って考えること自体がものすごく難しいんです。

「S」は「具体的にすればいい」ということですが、そもそも具体的にすることが難しいのです。簡単に数字で表現できるものであればいいですが、提案の質を上げるなど数字で表せないタスクの場合、どうしていいのかわからなくなります。SMARTの法則で、誰もがすぐにできそうなのは最後の「期限を明確にする」くらいかなと感じます。

タスクを分解するのも簡単ではありません。そもそも自分がやっている業務を妥当な区切りで分解できる人は多くないでしょう。仮に自分が営業が得意で、新規の顧客を獲得できるとしましょう。でも、その新規営業を分解して説明するのは簡単ではないはずです。自分には暗黙知になってしまっている部分もあるし、ある業務と別の業務は少なからずお互いに関連しているので切り分けることが難しいと言えます。

考え方としては正しいと思いますが、なかなか実行できません。そのため、ぼくは別の手法を提示します。

あいまいな指示を明確にするための問いかけ

ぼくが多くの組織を実際に変えてきた問いかけを紹介します。この問いかけをするだけで、実際に指示が明確になっていきます。

まず、逆説的ですが、自分の指示が明確になっているかどうかを検証することはそもそも難易度が高すぎてできないという前提に立って考えます。さらには、自分の指示が明確になっていない前提で考えていきます。

あいまいな指示を明確にしていくためには、普段自分がしている指示のあとに、自分の中で『「そのために、何をする?」を3回繰り返す』を実施することが有効です。

たとえば、「顧客に響く資料にしてください」「うま～く調整しておいて」という指示があります。ただこれらの指示はあいまいすぎて、何をどうしたらいいのかわかりません。本人は伝えたつもりかもしれませんが、受け手には意味不明です。

ここで、「そのために、何をする?」を3回自問します。

具体的にはこういうことです。「顧客に響く資料にする」で終わらせず、自分の中で「そのために、何をする?」と問いかけるのです。

「顧客に響く資料にする。そのために、何をする?」と自問します。たとえば、「そのために、見込み顧客に課題をヒアリングする」と出てきたとしましょう。ぐっと明確になった感じがしませんか?

ただ、まだ終わりではありません。「見込み顧客に課題をヒアリングする」もまだまだあいまいです。ヒアリングといっても、英語のテストとは違って会議室で耳を澄ませておけば聞こえてくるわけではないのです。なので、また続けます。
「見込み顧客に課題をヒアリングする。そのために、何をする?」とさらに自問します。

課題をヒアリングするためには、先方に協力してもらわなければいけませんね。通常、まだ取引をしていない見込み顧客に電話をしても、自社の課題を簡単に話してはくれません。「もしもし、はじめまして。突然ですが、御社の課題を教えてください」と伝えても、何も教えてくれないのです。そこで、ひとまず先方にアポを取って課題を伺う場をセッティングしようと考えました。そこでまた自問します。

「先方にアポを取って課題を伺う場をセッティングする。そのために、何をする?」と自問すると、自分がすべきことがよりクリアになっていきます。ぼくもアポイントの電話をかけて営業をしていた時期がありましたので、簡単にはアポをもらえないことはよくよくわかっています。相手に電話して「アポをいただけませんか?」と言っても、基本的には断られます。イライラされたり、怒られたりすることもあります。

会ってもらうために、工夫が必要です。会ってもらうために……たとえば、

- **先方のオフィスの前で出待ちをする**
- **手土産を用意する**
- **競合他社の成功事例をファックスする**
- **競合他社の課題とそれを克服した手法をまとめた資料を作って持参する**

などの方法が考えられます。筋がいいもの、悪いものがありますが、やるべきアクションのリストが明確に出てきました。ここまで明確になったら、指示を受けるメンバーが何をしたらいいか理解し、それを実行できます。

もともとの「顧客に響く資料にして」では、メンバーはなんとなくわかったつもりになるだけで、適切な行動はとれません。「そのために、何をする？」を自分の中で3回繰り返すことで、明確な行動に近づいていきます。

「なぜ？」を繰り返しても、本質にはたどり着けない

物事を明確にするために、トヨタ自動車では「なぜ？」を5回繰り返している、という話がありますね。そうすることで、問題の本質にたどり着けるということです。

この手法は、原因と結果が目の前にある場合に非常に有効です。原因と結果が目の前にあれば、高い確率で正しい「なぜ（原因）」を考えられるからです。一方で、その原因と結果が目の前にない場合、「なぜ？」を繰り返すと変な方向に行きがちです。

資料が顧客に響いていない
↓　なぜ？　それは顧客が忙しくてちゃんと読まないから
↓　なぜ忙しい？　それは無駄な作業が多いから
↓　なぜ無駄な作業が多い？　それは「念のため全部やっておこう」という完璧を目指す思考があるから
↓　なぜそのような思考がある？　教育のせい

「資料が響いていないのは、教育のせい」という結論になってしまいました。それはおかしいですね。また、仮にこの結論が正しかったとしても、メンバーは何をしたらいいのかわかりません。行動につながらないのです。

前述の「そのために、何をする？」を3回繰り返すことで、すぐに実行できるアクションリスト（案）を作ることができます。

ただ、リストは出せたけど、案のクオリティがイマイチということはよくあります。明確にするということと、質のいい鋭い施策を思いつくことはまったくの別物です。必ずしもリーダー一人で考える必要はなく、チームメンバーも一緒になって考えてもらっていいと思います。アクションプランを設定する会議を開き、みんなでこの「そのために、何をする？」を出し合ってみましょう。

「定性的な指示」を明確にする方法

メンバーに指示をする際、その内容を定量的に表現できる場合は、比較的話は単純です。数字に置き換えて話をすることで、認識のズレを解消することができるからです。

たとえば、メンバーが常に打ち合わせ開始時間ギリギリに会議室に入ってくるとしましょう。ここで「もっと早く来てください」と伝えても解決はしません。「もっと早く」では、どのくらいかわかりません。それどころか、メンバーは上司の顔色を窺《うかが》い、内心びくびくしながら行動するようになります。こうなってしまうと、怒られないようにと15分前に来よう、会議だけじゃなく他のことに関しても怒られないようにかなりバッファを見て予定を組もう、と考えてしまうかもしれません。

それを避けるためには、「会議が始まる1分前に着席できるように、来てください」と数字を使って「定量的」に伝えることができます。これは比較的単純な話です。数字で表現することでズレがなくなる場合は、かなり簡単なのです。

指示が難しいのは、定性的な要素を指示しなければいけない場合です。

たとえば「メンバーの仕事の質を上げなければ」という意識を持っている人がいます。しかしこの表現も非常にあいまいです。何をどうすれば「仕事の質を上げた」ことになるのか、まったくわかりません。そこで、「もっと具体的にしよう」という発想が出てきますね。

もう少し具体的にして「提出する資料は、毎回期日の2日前の17時までに、上司のデスクに置く」と伝えたとします。

たしかに最初の「仕事の質を上げる」よりは具体的です。しかも、やることが明確になっていて誤解も完全に防げると感じるでしょう。しかし、これは仕事を言語化したことにはなっていません。

もともと掲げていた目的は「仕事の質を上げる」です。何をしたら仕事の質を上げることになるのかを考える前に、「期日の2日前の17時までに、上司のデスクに置く」と決めても意味がないですよね。「資料を早く提出すること=仕事の質を上げること」であれば問題ありませんが、その定義は正しくないはずです。

メンバーがクライアント向けの資料を作ったが、明らかに質が悪い。センスも悪い。わかりづらい。そんなケースを想像してください。メンバーに作り直しを指示しなければいけませんが、そのときに「これではNG」と伝えるだけでは、メンバーはどこをどう変えればいいのかわかりませんね。

かといって、「もっとセンス良く」「もっとわかりやすく」では、メンバーはイメージできず、結果的に何もできません。でも、リーダー自身もどこが悪いか明確に捉えることが難しく、結果的に「もっとこう、なんというか、うまくやってほしい」など非常にあやふやなフィードバックになりがちです。

「練習メニュー」を提示する

ハーバード大学の研究によれば、そもそも人は、自分が認知している感覚の5%程度しか言語化できていません。そのため、上司が「なんとなく」でしか表現できないのも無理はないのです。

ではどうすればいいか？

リーダーはメンバーに対し、「**練習メニュー**」を提示するのです。

このケースのゴールは、「クライアントに認められるような、質のいい提案書を作る」です。しかし、どこをどう変えればそんな資料になるかわかりません。

なので、それができるようになるための練習メニューを提示します。**メンバーが毎日繰り返しやっていたら、質のいい資料が作れるようになりそうな練習を提示します。**スポーツの練習をイメージしてください。たとえば甲子園を目指している高校があるとします。監督が「甲子園に出られるようになれ」と指示しても意味はありませんね。監督やコーチに求められているのは、甲子園に出られるくらいの実力をつけるための練習を提示することです。毎日スクワット100回、腕立て50回、30メートルダッシュ10本、などなど、それを日々こなしていけば甲子園に出られるような実力が身につくであろう練習を提示することが監督の仕事です。

クライアントに認められる質のいい提案書を作れるようになってもらいたいのであれば、部活の監督と同じように、それに向けての練習を提示しなければいけません。

● **資料作りがうまい先輩が作った資料をデータでもらい、デザインを変えず文章だけ自分の提案内容に変えてみ**

あいまいな指示を明確にする

- 「そのために、何をする?」を3回自問する
- 「練習メニュー」を提示する

る。これを1週間に1回やってください

- **ビジネス雑誌の記事の見出しで、自分が好きなキャッチコピーを毎日3つ書き出してください**
- **クライアントに「最近、一番イラっとしたことは何ですか?」と質問して、答えを書き留めてください**

などです。

仕事の質はどうしても結果でしか捉えられないことが多いです。結果を出せていたら質がいい仕事をしている、結果が出ていなければ質が悪い、という捉え方です。もちろんそれは正しい評価かもしれませんが、結果を出せないメンバーに対してどうすれば結果が出せるようになるかはなかなか伝えられません。そのために指示することは「結果を出せ!」ではなく、「結果を出せるようになるために、毎日これをやってください」と練習メニューを伝えることです。

「なくしたら、誰にどういう変化が起きる？」で無駄をなくす

リーダーは、メンバーがやらないこと（時間をかけてはいけないこと）も指示できなければいけません。多くの企業で、長時間労働が問題になっています。メンバーにとっては、やるべきことがたくさんあり、「これから追加でこれもやろう」と言われても拒否反応と絶望しか出てきません。メンバーに新しいアクションをしてもらうためには、既存のアクションをやめる必要があります。

ただここで問題があります。メンバーがすでに実施しているアクションはすべて「必要だからやっていること」なのです。朝、出社してメールをチェックするのは、

「すぐに対応すべき問題がないか確認するため」でしょう。定例会議をするのは「メンバーにお互いの動きを把握してもらって、トラブルを未然に防ぐため」かもしれません。

いずれにしても、少なくとも当人の頭の中では「必要だからやっている」のです。そこで、無駄な作業をなくそうと声をかけても意味がありません。「この定例会議は、チームの足並みをそろえるためにやっています。無駄ではありません」と反論されてしまい、議論になりません。

ここでリーダーの判断と決断が必要です。

リーダーは、メンバーが時間を使っている各タスクを見て、それが「経営者が掲げたゴール」につながっているか判断をしなければいけません。まったくつながっていないタスクはかなり少ないでしょう。でも、強くつながっているもの、それほどでもないものはあるはずで、そのグループ分けはできるはずです。

ぼくが企業勤めをしていたときも、当時の上司から「念のため、この打ち合わせに出て」「この会議の議事録も一応とっておいて」と言われた経験が何度もあります。

「念のため」「一応」という言葉が出てくるということは、確実に必要とは言えないという意味です。むしろ、もしかしたらあとで必要になるかもしれないし……、そのときにないと困るから……、なんなら俺の責任になりそうだから……、というニュアンスさえ感じます。

長年続けている定例ミーティングや、その定例ミーティングの議事録が重要な役割を持った経験がぼくにはありません。みなさんはいかがでしょうか？　なんとなく習慣だからやっているという意味合いが強いのではないでしょうか？

たしかにあとになって「やっぱり必要だった」となることもあるかもしれません。しかし、それが100回に1回だったら、99回は無駄なタスクをこなしていることになりますね。そして、その99回分の時間でできていたであろう重要なタスクをやらなかったことになります。

そのタスクをやるべきか否かは、「やらなかったら、誰にどういう変化が起きるか？」である程度見えてきます。

「そのタスクをやるべきか？」という問いだと、十中八九「やるべき」という返答が返ってきます。たとえ1％だったとしても、そのタスクがいつか必要になりそうだったら「やるべき」という発想になってしまいます。そのため、その「やるべき？」という問いかけは意味を持ちません。

大事なのは、「やらなかったら、重大な変化が起きてしまうかどうか」です。その定例ミーティングに自分が参加しなかったら、誰にどんな重大な変化を及ぼしてしまうのでしょうか？　さらには、その長年やっている定例ミーティングをやめたら、誰がどのくらい大きな変化（影響）を受けてしまうのでしょうか？

各メンバーにそれを問いかけましょう。他部署メンバーと横断的に取り組んでいるものであれば、他部署のメンバーにも問いかけましょう。

必ず「変化」で判断する

ここで大事なのは「〇〇さんに迷惑がかかる」「こういうときに困る」というフレー

ズではなく、必ず変化で出してもらうことです。

「○○さんに迷惑がかかる」という指摘は、言ってみれば個人の感想です。いらないものでも、これまであったものがなくなると、なんとなくネガティブな印象を受けるものです。それを「迷惑」と捉えてしまうと、適切な判断ができなくなります。

また仮にその○○さんに迷惑がかかるとします。ですが、迷惑がかかったら何なのでしょうか？　率直に言って、ぼくらは人に迷惑をかけないために仕事をしているのではありませんね。迷惑がかかったとしても、その○○さんが少し協力

無駄をなくす

「なくしたら、誰にどういう変化が起きる？」で判断する

してくれることで害がないのであれば問題はないはずです。

ポイントは「変化」です。誰にどういう変化を与えるのか、どの業績にどのような影響を与えるのか、「変化」でお互いに会話をすることをおすすめします。そして、出てきた「変化」を見て、あなたのグループメンバーが時間をかけるべきものかどうかを判断します。

言語化して軌道修正をする

メンバーが積極的に行動していても、それが間違っている可能性もあります。リーダーはその行動を軌道修正しなければいけません。

そしてじつは、ゼロから相手の行動を指示するよりも、相手がすでにとっている行動を軌道修正するほうが難易度が高いです。というのは、メンバーはリーダーの指示に従って行動しているつもりだからです。リーダーが単に「これをやってください」と伝えても、「だから今、それをやっています。大丈夫です、ちゃんとわかっているので」と耳に入っていきません。

たとえば、営業成績が芳しくないメンバーがいたとします。リーダーは、もっとクライアントへの提案回数を増やしてもらいたいと思っています。でもここで、「クライアントに提案する回数を増やして」と言っても、メンバーは行動を変えてくれないことがあります。メンバーとしては、「それはやっている」と考えているからです。もちろん「自分としてはやっている」ということで、リーダーが考える基準には達していません。もしくはリーダーが思っている「提案」をしていません。

メンバーの頭の中：もっと提案を増やせと言われても、もう十分にやっているしなぁ。2週間おきにアポをもらって資料を見せながら提案している。これ以上、提案回数を増やそうとしたら逆に嫌がられて、もらえる発注ももらえなくなるよ。

リーダーの頭の中：クライアントが発注を決める理由は、商品の中身だけではない。クライアントがうちの商品の必要性をわかってくれるような情報を、メールでもいいからどんどん発信してもらいたい。商談の場だけが提案ではないので、日常のコンタクトを増やしてほしい。

このようにメンバーとリーダーの頭の中がズレていたとしましょう。ですが、言葉としては「提案回数を増やして」というフレーズで会話されているので、かみ合っていないのです。

メンバー：もう十分にやっている。なんでわかってくれないかなぁ。もういいや、自分がいいと思うとおりにやろう。ストレスはたまるけど。

リーダー：全然足りていないじゃないか。なんでわかってくれないかなぁ。ちゃんとやるまで何度も繰り返さなきゃ。ストレスはたまるけど。

という感じで、会話は成立しているのに認識のギャップが埋まっていかないのです。

人は誰しも、自分の想定を持っています。何かを聞いたときに「今までの経験から考えると、それってこういうことだよね」と理解して行動します。この想定は暗黙の前提になってしまっているので、わざわざ確認がされません。この暗黙の前提がズレていると、そのズレを発見しづらいのです。

そのため、すでに暗黙の前提をベースに動いてしまっているメンバーに対しては、言葉をさらに追加して指示をしなければいけません。

すでに実施されているアクションを軌道修正するためには、以下の3つを伝えることが重要です。その3つとは、

1）焦点を当てるべきポイント：何に焦点を当てたら結果が変わるか

2）とるべきアクション：具体的に何をしたら結果が変わるか

3）アクションの適切な量：それをどれくらいやれば結果が変わるか

です。

●焦点を当てるべきポイント

まず「焦点を当てるべきポイント」です。先ほどの例の場合なら、クライアントに商品を買ってもらうことがゴールになります。そのために、何がポイントになっているのかをリーダーが伝えなければいけません。

リーダーは、「クライアントが自社商品を必要だと思ってくれるような情報を渡すこと」と思っています。一方でメンバーは、「提案に行くこと（アポを取って対面で提案すること）」だと思っています。まずここにズレがありますね。

このケースに限らず、仕事の意義・最終的な意味を捉えて行動しているケースと、そうでないケースでは細かいアクションに差が生じます。自分がこなしているタスクを、どこで誰がどのように活用するかをイメージしていないと、精度が高い仕事ができなくなるのと同じで、「焦点を当てるべきポイント」を誤解していると、なかなか成果が上がらないことがあります。

●とるべきアクション

次は「とるべきアクション」です。ポイントを誤解していると、必然的にとるべきアクションが変わってしまいます。リーダーは「メールでもいいから頻繁に情報を送ること」が必要だと思っています。一方で、メンバーは「リアルの場で商談をすること」が大事だと思っています。ここもズレています。

●アクションの適切な量

そして最後に伝えるべきことは「量」です。リーダーは、クライアントに対し

軌道修正する
• 何に焦点を当てたら結果が変わるか伝える
• 具体的に何をしたら結果が変わるか伝える
• それをどれくらいやれば結果が変わるか伝える

て情報を頻繁に送ってほしいと思っています。しかし、これにも適切な量があります。頻繁といっても、1日10回も送ったらさすがに先方から嫌がられるでしょうし、反対に2週間に1回では「頻繁」とは言えないかもしれません。リーダーが思っている「頻繁」を明確に示さなければいけません。

単にとるべきアクションを示すだけでは、メンバーはリーダーが意図したように仕事を進めない（進められない）ことがあります。伝えているのに、どうもかみ合っていないと感じたときは、この3点をもう一度整理してみてください。

期待値の明確化

指示を明確にする前段として、メンバーに対する期待値を明確にしておく必要もあります。そもそもの期待値がズレていれば、メンバーがとる行動のレベルと範囲がリーダーの思惑と異なってしまいます。

ただその前に、「期待値」というワードに惑わされないでください。「期待値を明確にする」とは、相手の実力にどれくらい期待しているかを示すということではありません。「私は、あなたに120％の期待をしています」などと表明することではないのです。

期待値を明確にするとは、「やってほしいことを明確にする&仕上げてもらいたいレベルを明確にすること」です。

ぼくが以前、ある会社でチームを任されていたとき、チームメンバーのやる気を感じないことがありました。言われたタスクしかやらない、言われたタスクも完成度50%程度で終わらせてしまう、やるべきことは山ほどあるのにコーヒー休憩タイムが長すぎる、などを目にし、ぼくは非常にストレスを感じていました。

メンバーが協力的でない、メンバーのやる気を感じないと嘆くリーダーがいます。状況としてはぼくも理解できますが、これも言語化で解決することができます。

そもそも、**メンバーの行動が期待レベルに満たない理由は大きく分けると2つあります。**

それは、①求められているタスクがあいまいだから、②メンバーが自分の仕事の範囲を狭く捉えているから、です。メンバーが期待どおりの行動をしないのは、もちろんやる気の問題もあります。ですが、メンバーが期待されている内容を理解していないことも大きな原因のひとつだと思うのです。この2点を明確に言語化することで、お互いのタスク範囲およびお互いがとるべきアクションを共通認識として持てるようになります。

「そのために、何をする？」を繰り返し、具体的なアクションに変える

メンバーが自分のタスクを明確に捉えられていない場合、そもそもやっているかやっていないかもあいまいになります。「商品Aのプロモーションを担当してください」と伝えても、何も明確にはなりません。リーダーは「あれと、これと、それと、それから○○もやってもらいたい」と思っているかもしれませんが、その思いは伝わっていません。

まずは前述の「そのために、何をする？」を繰り返し、具体的なアクションに変えることが必要です。

「商品Aのプロモーションをするために、○○をする。○○もする。○○もする」とリーダーが思いつくものをひとまず書き出し、リーダーが期待している業務を洗い出します。そのメンバーにすべて依頼できるかどうかはわかりませんが、ひとまず洗い出すことが大事です。

「○○が、○○できるように」で表現する

そして、メンバーにしてもらいたい業務範囲を明確にしたあとは、仕上げ具合について考えます。企画職であれば、作ってもらいたい企画の種類、手掛けてもらいたい商品企画などを明確にします。そのあとに、それぞれどのレベルまでやってほしいのかも伝えなければいけません。

多くの組織で「いい感じに仕上げてほしい」「斬新なものを」「プロとして緊張感と責任感を持って」というようなフレーズが使われています。こう言われるとプレッシャーを受けている感じはありますが、どこまでやればいいのかわかりませんね。

期待値は、「**○○が、○○できるように**」で表現すると認識をそろえることができます。「社長が、株主総会で使えるように」「営業担当者が、そのままクライアントに渡せるように」「私（リーダー）が、上に報告する資料に添付できるように」と伝えると、メンバーはどのような体裁にして、どのくらいのレベル感が求められているかをイメージしやすくなります。

もちろん、メンバーによってはイメージできないこともあります。「社長が株主総会で使える」ってどういうこと⁇となるケースもあります。この場合には、前項で解説した「軌道修正」の手法を活用します。

「社長が株主総会で使える資料を作る」がゴールになるときは

1）焦点を当てるべきポイント

色は？　フォントは？　文字の大きさは？　掲載する資料の種類は？

2）とるべきアクション

どこから資料を集める？　誰に何を聞いて作ればいい？

期待値を明確化する

- 「そのために、何をする？」を繰り返し、具体的なアクションに変える
- 「○○が、○○できるように」で表現する

3）アクションの適切な量

全体としてどれくらいの分量にすればいい？　各項目のページ数の配分は？を示します。こうすることで、イメージを持っていないメンバーでもレベル感をつかむことができます。

「指示」の言語化

リーダーが示すべき3つのアクション

- 「やるべきこと」を言葉にする
- 「やらないこと」を言葉にする
- 「間違っている行動」の軌道修正をする

あいまいな指示を明確にする

- 「そのために、何をする？」を３回自問する
- 「練習メニュー」を提示する

無駄をなくす

「なくしたら、誰にどういう変化が起きる？」

で判断する

軌道修正する

- 何に焦点を当てたら結果が変わるか伝える
- 具体的に何をしたら結果が変わるか伝える
- それをどれくらいやれば結果が変わるか伝える

期待値を明確化する

- 「そのために、何をする？」を繰り返し、
  具体的なアクションに変える
- 「○○が、○○できるように」で表現する

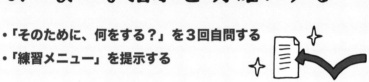

4 章

「問いかけ」の言語化

メンバーの考えを
言葉で引き出す

4章のポイント

メンバーの考えを言語化する

言いづらいことを言えるようにする

相手の頭をビジネス的に整理する問いかけ

ビジネスシーンで考えれば、最終的な目的は顧客に価値を感じてもらって、購入してもらうことです。そのため、どれだけ長く説明をしても、相手が価値を感じてくれない場合は意味がありません。そしてそのために、自分が説明する内容が相手の価値につながっていなければいけません。商品サービスのスペックを説明するときにも、相手にとっての価値がわかるように伝えなければ、結論を伝えたことにならないわけですね。

たとえば、「この商品では、X社の技術を採用しています」とクライアントに話したとしましょう。これでクライアントが「だったらこういう価値が生まれそうだな」と理解できればOKです。ですがそうでなければ、「だから何??」となります。その場合、商品サービスのスペックとしては結論を語っていても、会話（商談）としての結論は語っていないということになるのです。

「この商品はX社の技術を採用していまして、これを導入していただくと、これまでの作業時間が50％削減されます。御社のコストダウンにつながります」

など、相手に与える価値にまで言及しなければいけません。

ただし、メンバーの頭の中がこの発想になっていないことが多々あります。そのときは、リーダーが引き出してあげなければいけません。

メンバーが「この商品では、X社の技術を採用しています」という発言をしたとき、「だから何なんだ？　お前は何が言いたいんだ？」と追い詰めるのではなく、それがどういう価値につながっているかを誘導してあげましょう。このときに「それはどういう価値につながっている？」と問いかけてもまだまだ不十分です。それを聞いたメンバーは、「オンリーワンの技術です」「信頼と実績があります」という反応になりがちです。ですので、2章で説明した「型」に沿って、

「それによって、顧客のどんな課題を解決できそう？」

「それがあると、どういう変化を起こせる？」

と問いかけます。

　ビジネスにおける価値は、2章で述べた「変化」「テンション」「こだわり」の3種類に集約されます。価値を表現するための発言であれば、どの価値を提供できるのかに焦点を当てて問いかけることが有効です。

　同じように、差別化を打ち出すつもりで発言している場合で、まったく差別化が図れていないことがあります。差別化は「この目的を達成させるのに、ほかの商品ではできない、私の商品ならできる」を伝えることでした。リーダーが確認すべきことは、

- **どの目的を達成しようとしているのか**
- **それはなぜ既存の他の商品では達成ができないのか**
- **なぜ今回の自社商品では達成できるのか**

の3点です。これらを順番に問いかけます。そうすることで、メンバーの頭が整理さ

れていきます。

2章で、型があればリーダー自身が自分の言葉に自信を持てるようになるという話をしました。これはメンバーも同じです。メンバーは、なんとなく感じていることがあってもそれを自信を持って明確に表現できません。意見がないのではなく、言葉にする型を持っていないだけなのです。リーダーとメンバーで共通指針となる型を持っていれば、それに沿って会話することができます。

メンバーに語ってもらいたいことを、どう引き出すか？

業務効率化を進めていたとしても、まだまだ社内には無駄な仕事があります。無駄な会議、無駄な資料作りはその典型例かもしれません。そもそも作る意味がない資料もあれば、テーマは重要なのに的外れなことを長々と記載している資料もあります。

後者の場合、それは参加者各自の能力が低いというよりも、資料化してもらいたいことをリーダーが引き出せていない可能性が高いです。

会議での発言も同じです。メンバーの発言を引き出せていません。たとえば、リーダーがメンバーに対し「進捗はどうですか？」と聞いても、知りたい情報は得られません。テーマが明確に細かく決まっていれば話は別ですが、何もテーマ設定せずに「進捗は？」と聞いても引き出せるはずがありません。

同様に、「問題はない？」「順調？」「誰か助けが必要な人いる？」と問いかけても、有益な情報は引き出せません。リーダーから何も言わなくても相談できるメンバーはいます。そういうメンバーは放っておいてもどんどん相談してくるので、特に問題にはならないでしょう。

問題になるのは、相談できないメンバーです。これくらい自分で考えないといけないだろうな、相手も忙しいだろうな、などいろんなことを考え相談できません。そういうメンバーに「問題はない？」と聞いても、「大丈夫です、ありません」と答えるのは目に見えています。そして最後まで一人で抱え込んでしまいます。

メンバーから思いつき・思い込みアイディアが出てきたときは

マイナスの悩みだけでなく、通常の意見を言わないメンバーもいます。ぼくも上司から「何か新しいアイディアはない？」と問われた経験があります。このとき、じつはアイディアを持っていたのに言わなかったことがあります。それは、自分の意見なんてくだらないと感じていたからです。

日本人は議論ベタと揶揄されることがあります。諸外国と比較して、自分の意見を表明する機会は少ないし、自分の意見を表明することが「わがまま、面倒な奴」と捉えられることも実際にあります。そのため、ぼくらは仮に意見を持っていたとしても言わないことがあります。

ビジネスで自分の意見・アイディアを言ったとき、「それはあなたの主観的な意見ですよね？　単なる思い込みですよね？」と言われてしまうことがあります。これを言われてしまうと、そのメンバーは次から発言できなくなってしまいます。ですが、実際に自分の思い込みで主張・提案してくるメンバーもいます。このときにどうすればいいか、です。

メンバーからの意見は引き出したいですが、メンバー個人の思い込みを主張されても採用するわけにはいきません。論理的思考を身につけろ、データやファクトベースで話せ、と伝えるのは簡単ですが、そもそも論理的思考やファクトベースはものすごく難易度が高いものです。

「当てはまらないケースは？」と問いかける

それが個人の思い込みであることに気づいてもらうためには、「**当てはまらないケースって、どんなときだろう？**」と問いかけることが有効です。

仮にメンバーが「これからはインバウンドです！　いつまでも古臭いことをやっていないでうちもインバウンド向けのサービスを手掛けるべきです！」と主張してきたとしましょう。ここでリーダーが問いかけるべきことは、「それはお前の思い込みだろう？」ではなく、「訪日外国人向けのサービスが伸びると思っているんだね。でも、すべての商品サービスが訪日外国人にウケるとは思わないんだけど、インバウンドに向いていない商品サービスはどういうものがあると思う？」と問いかけます。

こう問いかけることで、まず自分の主張が当てはまらないケースがあるという認識を持ってもらえます。そして、思い込みから脱してインバウンドでウケるもの／ウケないものを考える頭になれます。

日本人は議論ベタ・主張ベタであるがゆえに、最初から質の高い主張ができないことがあります。そのときにその質の悪さを指摘してしまうと、次から何も言えなくなってしまいます。まずは視野を広げてもらうために「当てはまらないケースは？」と問いかけてみましょう。

問いかけるときは、どういう返答が欲しいかを想定してから

Yes／Noで答えられる質問は比較的回答しやすいですが、論述式試験のようにフリーアンサーで答えなければいけないオープンクエスチョンの場合、問いかけの仕方によって、引き出せる答えが大きく変わります。

たとえば、単純に「どう思う？」「どうしたらいいと思う？」のような問いかけがされるケースが多いです。でも、これでは答えようがありません。相手は何を答えていいのかわからず、頭に何も浮かびません。それは相手が何も考えていないのではなく、どこに焦点を当てて考えればいいかがわからないのです。

たとえば、最近見た映画やドラマ、読んだ本を思い出してください。「どう思った？」

と問われて何か言えますか？　内容はまぁまぁ覚えているし、何も感じなかったわけではないと思います。でも「どう思った？」では何も出てこないのです。

何も出てこないのは、問いかけが悪いからです。

そもそも、その問いかけをするときに、自分はどのような答えが返ってくるか想定しているでしょうか？　答えの内容はともかく、このような視点でこのような方向で答えを考えてほしいという想定を持っていますか？　もしかしたら、そもそも自分でも答えられないような質問をしているかもしれません。そして「誰も何にも答えない。やる気が感じられない」と一人でストレスを抱えてしまうかもしれません。

ぼくが就活をしていたとき、ある外資系企業で面接官の方から「木暮さんの20年後の目標って何？」と聞かれました。目の前の就職活動で手一杯だったぼくは、うまく答えられず口ごもってしまいました。面接官の方は「目標も答えられないの？　何も考えていないからそういうことになるんじゃない？」と厳しいコメントをぶつけてきました。そこまで言われることかと感じ、反対に「○○さんの20年後の目標は何ですか？」と聞いてみました。すると彼は非常にびっくりした表情で、「20年後の目標！

……ごめん、俺も考えたことなかった（笑）」と話してくれました。この方は、自分も答えられない質問をしたことを謝罪してくれました。そしてぼくはその面接を無事通過することができました。

他人に対して何気なく聞いている質問でも、じつは自分でも答えられなかったりします。自分も答えられないのに偉そうに人に聞くなということではありません。メンバーに問いかけるときには、たとえば、どういう答えを自分が求めているか例として出せなければいけないのです。そしてその例を出すためにも、**まずは自分だったらどう答えるか、自分に問いかけてみなければいけません。**

メンバーの「なんて言ったらいいだろう」を言語化してあげる

相手の考えを引き出すためには問いかけの工夫が必要です。具体的には以下のような例示が効果的です。

1）極端な例示をする
2）分解して例示する
3）将来を例示する

極端な例示をする

順番に説明しますね。まず、「極端な例示をする」です。相手は自分の頭の中をどう表現していいかわかりません。でも何かしらの感情は抱いています。しかし、その感情が明確な言葉になるほど強くない場合、「なんて言ったらいいだろう」となります。そのときには、相手の感情を極端な例とともに代弁してみます。

たとえば、新しい仕事を任せた相手が、少し不満そうにしているとします。そこで「何か不満？」と投げかけても答えません。「なんか違和感ある？」と聞いても答えられないでしょう。なので、「この仕事って、絶対に自分の仕事じゃないし、無駄すぎてやる価値がまったくないという印象かな？」と極端な言い方で聞いてみます。

極端に例示されると、だいたい「いえ、そこまでは思っていません」という反応をしてきます。そこでさらに、「でも多少は『自分の仕事じゃない感』はありそうかな？」と問いかけます。もしまったくそう思っていなければ、「いえいえ、気にしているのはそこではなくて……」と話が出てきますし、仮にそう思っていれば「はい、ちょっと思っています……」と話してくれます。

極端な例示をするのは単なる呼び水としての目的で、相手がひと言目を話すきっかけに過ぎません。ただ、極端な例を出されると、それまで不明確だった感情に方向付けがされます。そして自分がどんなジャンルの感情を抱いているかを認識できるのです。

分解して例示する

2つ目の問いかけ手法は「分解して例示する」です。「この前発表された新プロジェクト、どう思う？」と聞かれても、「いいと思います」としか答えられません。問いかけが漠然としすぎているため、その新プロジェクトのどこに焦点を当てて考えればいいかがわかりません。

その「新プロジェクト」を評価するにもいろんな側面があります。そこで提供するサービスの内容、価格、対象顧客像、競合優位性などなど、どの側面を「どう思う？」

と聞かれているかわかりません。だから答えられないのです。

なので、分解して問いかけます。

「新プロジェクト、どう思う？」ではなく、「新プロジェクト、既存ライバルに勝てると感じる？」と問いかけてみることで、焦点が絞られ、相手の考えを引き出すことができます。

将来を例示する

最後は、「将来を例示する」です。

考えてみると、ぼくらが「思う」「考える」のは、将来のことです。不安に思う

のは、「このままだと、将来こうなっちゃうかもしれない」と考えるからです。商品サービスを高く評価するのは、「これからこんなクライアントやあんなクライアントが買ってくれそう！」と考えるからです。

なので、「どう思う？」ではなく、「(このままだと) 将来的にどんなことが起こると思う？」と将来に目を向けさせます。そうすることで、メンバーが抱いているイメージを引き出すことができます。

感情論になるのは、言語化されていないから

社会心理学では、賞罰によるマネジメントは持続しないと語られています。たとえ

ば、ノルマを達成したらボーナスを払い、達成しなかったりミスをしたら査定を下げるようなルールで人を動かそうとしても短期的にしかうまくいかないということです。反対に、メンバーが仕事に喜びを感じ、内発的動機づけによって動く場合は、長くモチベーションを保てるとしています。

人から言われて動くよりも、自分が「楽しい」と感じて動くほうが、たしかに長続きしそうですね。ある理論では内発的動機づけを生み出す要素として、次の3つが挙げられています。それは「**有能性（自分には能力があると感じられること）**」「**対人関係性（周囲は仲間であり、敵ではないと感じられること）**」、そして「**自己決定性（自分で決めたと感じられること）**」です。

ぼく自身もこの3つの要素は非常に重要だと感じます。そして、これら3つは仕事を言語化することで、ほぼ自動的に達成されるとも思っています。

「言いたいことが言えない」2つの状況

着目したいのは、対人関係性です。周囲が敵ではなく、味方だと思えることはとても大事です。でもそれが重要な要素として挙げられるのは、裏を返すとそれだけ「そうなることが難しい」ということでもあります。多くのケースで、周囲が味方だと思えないような状況が発生してしまっているわけです。

なぜそうなってしまうか、一言でいえば「怒り・批判の感情が生まれてしまうから」ですね。怒りの感情がなければ、たとえ意見がまったく違っていても相手を「敵」とは思いません。世界で一番おいしい食べ物の意見が違っていても、お互いを敵とはみなしません。そこに怒りの感情がないからです。

そして、この怒りなどの攻撃的な感情は、言いたいことが言えないことによってどんどん蓄積していきます。些細なことでも、解消できずに積み重なると大きな怒りになっていたりするものです。言いたいことを伝えあって、その都度解消できていれば、そうはなりません。

この「言いたいことが言えない」という状況には2種類あります。

ひとつは、「**自分が考えていることを言語化しきれずに、もどかしさを感じている状況**」です。もっとちゃんとやってほしいのに、その「もっとちゃんとやれ」をうまく言葉で説明できない、そして相手に伝わらない、それがもどかしい。一生懸命伝えようとしているのに、相手が理解しないから、だんだんそれが怒りの感情に変わっていくケースです。例としてふさわしくないかもしれませんが、子どもが自分の感情を言葉にできずに癇癪《かんしゃく》を起こすのと同じ理屈かと思います。

そしてもうひとつが、「**言いたいことはあるけど、それに蓋をして我慢している状況**」です。自分としては、明らかに相手が悪く、それを言いたいけど関係性上それが言えないことがあります。ぼくもサラリーマン時代にはよくありました。明らかに相手のミスなのに、「これは木暮の責任だ」と強い口調で言われます。そのときに、自分の主張をすると相手が激昂して収拾がつかなくなり、さらに詰め寄られるのではないかと感じると、我慢して何も言わなくなります。こんな状況が繰り返されると、どんどん相手への怒りの感情が湧いてきてしまいます。

これらをメンタルの問題として捉えるのは正しくないと感じています。勇気を持って言おう、自分を客観視して冷静に話そう、というアドバイスは正論です。ですが、それができない人にとっては何の意味もないアドバイスです。勇気が出ないから言えないし、自分を客観視して冷静になれるんだったら話は簡単です。

問題は自分の頭の中が言語化されないことです。

思っていることを人に言わない根本的理由

また、仮に思っていることがあったとしても、それを言わないケースがあります。言わないというより、「言えない」が強いかもしれません。その理由は、発言することで周囲からネガティブな印象を持たれるからです。

ネガティブな反応はいろいろありますが、たとえば

- **無知、無能だと思われる**
- **人の邪魔をしていると思われる**

●否定的な人だと思われる

ことをぼくらは嫌っています。

わからないことがあっても質問しないのは、「無知・無能だと思われたくないから」ですよね。こんなことを聞いたら恥ずかしいかな、そんなことも知らないの？　と言われたら嫌だなと感じ、質問しません。

同じように、相談したいことがあってもなかなか相談できないのは、「この忙しいときに相談なんかしてきやがって」と思われるのを恐れているからです。邪魔な存在だと思われたくないのです。

社内でみんなが賛成している意見に一人だけ反対できないのは、否定的な人間だと思われたくないという心理の表れかと思います。みんなが「この案すごくいい！」と言っていても、自分はどうも賛同できない、むしろリスクが高い気がする、でもこれを言うと場の空気を悪くしちゃうし、水を差す感じになってしまうから言わないでおこう。そう考えているメンバーもいると思います。

メンバーが考えを言わないのは、何も考えていないからとは限らず、いろいろ考え

てしまっているからでもあります。

言いづらいことを言えるようにするのが、リーダーに求められる問いかけ

大手の企業に呼んでいただき、講演をする機会があります。テーマは働き方、説明力、さらに言語化の手法などさまざまですが、どんなテーマでも最後に質疑応答の時間を設けます。でも、質問はほとんど出ませんよね。「最後に何か質問はありますか?」と聞いても、ほとんど手は挙がりません。

本当に質問がないのかというと、そうではありません。講演後にアンケートで質問を募集すると非常に多くの質問を書いてもらえます。つまり、質問したいことはある

のです。でも、その場で質問する方は稀なのです。

それと同じで、その場では何も言えないメンバーもたくさんいます。「言いたいことがあったら言え」と言われても言えません。「いつでも質問してください」と言われても質問できません。何も考えていないわけではなく、その場の雰囲気で言い出しづらかったり、どう言っていいかわからなかったりして、表現できないのです。頑張って質問や相談をしたとしても、言葉としてあいまいなままだったりします。

リーダーは、メンバーがそういう状況にある可能性を念頭に置かなければいけません。メンバーが言葉にしている内容は、じつはうまく表現できていないだけで、本当は別のことを指している可能性もあります。

メンバーが言えないのは、その場の雰囲気的に言いづらいという精神的なものと、自分でも何を言っていいかよくわからないから、まとまっていないから言いづらいという自己整理の要因があります。リーダーはこの両方の側面を解消していかなければいけません。

「ドラえもん」にこんなシーンがあります。じつは、しずかちゃんが一番好きな食べ物は「焼き芋」なんですが、それを伝えてくれません。のび太がしずかちゃんの誕生日に、しずかちゃんが一番好きなものをプレゼントしようと、ドラえもんの道具を使って「焼き芋が一番好き」だと突き止めます。そして、焼き芋をプレゼントします。

すると、しずかちゃんがすごく怒るんです。

しずかちゃんが怒った理由は、恥ずかしいからです。

「焼き芋が好きだなんて、みんなに知られたくない」

しずかちゃんはそう思っていたようです。

「好きなものを選んでいい」と言われて、本当に好きなものを選べる人は、じつは多くありません。同じように、本音は？　と聞かれて本音を語れる人も多くありません。

その理由は大きく分けて、

1）好きなものを本音で語ったら、後ろ指を指されそうで言えないから選べない

2）自分が好きなものが、自分でもよくわからないから選べない

の2つだと思います。

仕事でも生き方でもそうです。好きな仕事を選んでいい社会にいますが、ほとんどの人にとっての職業選択の自由は、世間体を気にしたうえでの話です。

いつまでもお姫様扱いしてもらいたいと思っている女性がいたとしても、それを口にすることはほとんどないでしょう。他人に言うと「その考え、やばくない？　本気で言ってるの？」とネガティブに捉えられるからです。

好きなものを選べる社会にいますが、人目を気にして選べていない。本当は各自の自由なのに、お互いに牽制し合っている感じです。

ぼくらは常にこのような環境に置かれているため、リーダーが「腹を割って話そう」「何でも相談して」と伝えても、それができるとは限りません（というよりむしろ、ほとんど言えないと感じます）。

「人間関係で悩んでいます」の本当の意味は？

相手が言葉にできないのは、心理的に言いづらいからだけではありません。自分の頭の中がまとまっていなかったり、表層的な課題に気を取られて、考えるべきポイントを見失っていることもあります。その典型例が、「人間関係に悩んでいる」というフレーズです。

現代人が持つ悩みのほとんどが「人間関係」と言われます。たしかに、自分自身の経験を振り返ってみても、自分の悩みやマイナスの出来事は最終的に「人間関係」に行き着きます。職場でも同じでした。仕事で抱える課題のほとんどは、質の悪い人間関係が発端で起きていた気がしますし、この人間関係の問題が解決しないから、いろんなストレスがかかっていた実感もあります。

実際、メンバーが退職する理由の一番は、「上司との人間関係」だと示す調査もありますし、これも強く納得します。

ただし、よくよく考えると「人間関係で悩んでいる」だけでは悩んでいる内容はわかりません。この「人間関係で悩んでいる」は、総論には同意しますが、各論は意味不明です。具体的には何のことを指しているかわからないんです。そして「職場の人間関係に悩んでいる」といっても、実際には誰かとの「関係」に悩んでいるわけではありません。上司との人間関係に悩んでいる人は、その上司と仲良くなりたい、関係を改善させたいと思っているわけじゃないですよね？

多くの場合、端的に言うと「上司が嫌だから、なんとかしてほしい」という意味ではないでしょうか？

上司との人間関係に悩んでいると打ち明けてきたメンバーに、上司と仲良くなる方法を語っても意味がありません。上司とお互いに腹を割って話をする場をセッティングしようなどと考えようものなら、むしろメンバーを追い込むことになります。

また、言葉としては、「上司との人間関係に悩んでいる」ですが、最終的には「(上司ではない別の)誰かに嫌われるかもしれない、誰かに好かれないかもしれない」という不安が渦巻いている可能性があります。

たとえばこういうことです。「上司がムカつく。今、職場の人間関係にすごく悩んでいる」という人がいたとしましょう。その悩みを聞いた人が、「そんなに悩んでいるなら、会社、辞めちゃえば？」とアドバイスします。でも、おそらくその人は会社を辞めません。

友人「そんな会社、辞めちゃえば？」

↓

当人「それはできない。今のご時世、転職も簡単じゃないし、仕事をしなければお金が無くなって生活できない」

↓

友人「いろんなバイトがあるから生活はできるんじゃない？」

↓

当人「それはできない」

↓

友人「なぜ？」

↓

当人「家族に反対されるから」「友達にバカにされそうだから」

という感じです。

要は、会社を辞められないのは、家族に嫌われるから、もしくは友達にバカにされるから、下に見られるから、という理由に行き着くということです。しかし、多くのケースでは「誰かに嫌われる（と自分が勝手に思っている）から身動きがとれない」とはおそらく自覚しておらず、「人間関係に悩んでいる」というフレーズでしか認識していません。

「人間関係に悩んでいる」という言葉で言ってしまうと、何に悩んでいるのか、自分ですらよくわからなくなります。メンバー自身はすでに思考が固定化されてしまっている可能性もあるため、リーダーからメンバーが本当に嫌がっているポイントを引き出してあげなければいけません。

心理的安全性を高めるために、言語化が必要

雰囲気的な言いづらさを解消するために、心理的安全性を高めようとしたり、オフィスから離れたリラックスできる場で１ｏｎ１を実施したりといろんな工夫がされています。この心理的安全性という言葉は、最近非常に注目が集まっていますね。が、注目が集まりすぎて、言葉だけが独り歩きしている感もあります。

心理的安全性を高めるために、実際に何が行われているでしょうか？　よくあるケースとしては、「腹を割って話し合う」「メンバーの悩みを聞く」などが挙げられています。しかし実際に腹を「割る」わけではありません。何をしたら「腹を割って話し合った」と言えるのでしょうか？

メンバーの悩みを聞くにしても、そんなに簡単なことではありません。そもそも人に簡単に話せない悩みだから話していないわけで、「悩みがあったら話してくれ」と問いかけるくらいで話してくれることではありません。

心理的安全性とセットで、社内のダイバーシティへの理解を促進させることもますます重要視されています。そして、そのチーム内で理解を進めていくのはリーダーの役目とも感じられます。さらに、その前提として、リーダー自身がダイバーシティを理解していなければいけないかもしれません。

多様性の時代と言われて久しいですが、実際に多様性がどれだけ認められているかはまだ疑問が残ります。お互いの価値観を理解しないまま、単なる折衷案を出しているだけのケースもありますし、いまだに年長者の意見が「正解」とされていることもあります。

なぜ多様性への理解が進まないのか？　それは「何を考えればいいか、何をすればいいかがあいまいだから」です。「多様性を認める」「ダイバーシティへの理解を促進する」といっても、実際に何をしたらいいのかがわかりません。そのため、頭で「理解しよう。うん、理解した！」で終わってしまうのです。

そもそも、「ダイバーシティを理解する」とはどういうことでしょうか？　まずはここを明確にしていきましょう。ぼくは次の2つだと考えています。

①自分と相手の価値観（基準）の違いを知ること
②自分と相手の受け取り方の違いを知ること

この2つの項目を知り、自分と相手では異なることを理解することが「ダイバーシティを理解すること」だと考えています。

自分と相手の価値観（基準）の違いを理解する

ダイバーシティ・多様性を考える際に、「価値観の違い」という言い回しがよく使われます。価値観の違いを知ることが、多様性を理解することにつながるということで、それはそのとおりかもしれません。しかし、この「価値観」という言葉がかなりあいまい（というより何も意味がわからない）なので、理解しようがないのです。

離婚の理由で「価値観の不一致」が挙げられることがよくあります。しかし考えてみるとおかしいんです。価値観は「価値をどう観るか」「どこに価値を観るか（感じるか）」ですよね。自分はこれに価値があると思う、こういうことが好きだ、というのが文字どおり解釈した価値観のはずです。その価値の観方が違うからと言って、すぐに離婚につながるでしょうか。

「私はハワイでゆったり過ごすのが好き」

「なんだと！　ハワイが好きだなんてふざけるな！　俺はハワイよりも国内の温泉で過ごす時間のほうがいい！　もう離婚だ！」

となるわけはないのです。

同じように、

若手メンバー：「私は、家に帰ってからスマホゲームをやる時間が好きです。会社の飲み会は好きではありません」

リーダー：「なんだと！！！　俺は会社の飲み会が大好きだ！　会社の飲み会を好きじゃないお前なんかクビだ！」

となるはずがないのです。

多様性を理解するうえで、自分と相手の価値観の違いを知りましょうと言われますが、それだけでは何も変わりません。**違いを知るべきなのは、価値観ではなく「『べき』の基準」**です。自分と相手の好きなものが違っていたとしても、問題にはなりませんし、相手が好きなものを理解することが多様性を理解することでもありません。

大事なのは、相手が持っている「べき」の基準を知ることです。

「べき」の基準が違うからケンカになるし、相手に対して怒りを覚えてくるのです。そして、相手の「べき」を押し付けられたと感じると大きなストレスになります。

リーダーとして考えなければいけないのは、各メンバーがどういう「べき」を持っ

ているかです。また、それ以前に自分がどういう「べき」を持っているかを自覚する必要があります。

先ほどの若手メンバーの例でいえば、「スマホゲームが好き」は何の問題も生みません。問題が生じるのはメンバーが「会社は自分のプライベートな時間を確保させるべき」と考えたときです。また同時に、リーダーが「プライベートを犠牲にしてでも、会社の予定を優先するべき」と考えていたら問題が起こりえます。

価値観の違いという言葉で考えていても何も解決されません。ポイントになるのは、「べき論」の違いです。**べき論が違うから衝突が起き、押し付けられたと感じるメンバーが出てくる**のです。

自分はどんなものを「べき」と思っているか？

まずはお互いが持っている、べき論を言葉にするところから始めなければいけません。ただ、べき論は明確に意識しているものだけではなく、人から嫌なことをされて

（言われて）、初めて自覚することもあります。

自分が持っているべき論は何だろう？　と考えても出てこないので、ひとまず表面化した問題から考えていったほうがいいですね。

ここでもよくあるケースで考えていきましょう。先ほどの会社の飲み会に限らず、若手メンバーと年長者では仕事とプライベートの優先順位が異なるケースがよくあります。かつては「24時間戦えますか？」というキャッチコピーで栄養ドリンクのテレビCMが流されていました。実際に日常的に徹夜している人も珍しくありませんでした。ですが、もし今同じことを言ったら、相当なパワハラと認定されるでしょう。

とはいえ、チームの目標が未達成で終わりそうなとき、みんなで力を合わせて頑張ろう！　と言いたくなります。そんなときに「定時なんで帰りますけど、何か？」と涼しい顔で言われてリーダーが思わず「やる気あるのか！」と怒ってしまう。そんなケースもあります。

このときに「多様性」を意識してみましょう。リーダーはどんなべき論を持っていたでしょうか？　同時に、メンバーにはどんなべき論があったでしょうか？

たとえばこのようなものが挙げられます。

リーダーのべき論

- みんなで頑張っているときは、一緒に頑張るべき
- 自分の与えられた業務は時間に関係なく取り組むべき
- 手が足りていないチームがあれば、手伝うべき

メンバーのべき論

- 仕事とプライベートは分けるべき
- 残業させるなら、しっかり残業代を払うべき
- 追加の依頼をするなら、ちゃんとお願いするべき

これだけだと、「べき」と「べき」のぶつかり合いで、互いに攻撃するだけになってしまいます。それこそ「こちらの主張に従うべき」となってしまい、収拾がつきません。これと併せて、次の「だって」を考えることが大事です。

相手はどんな「だって」を持っているか？

人は相手に対して「べき」で見ています。「〇〇すべき」「〇〇すべきではない」というべき論を持っていて、そのべき論から外れた行為に対して苛立ちと困惑を覚えます。ところが、その「べき」を向けられた相手は、そうするべきと思っていません。多少は認識をしているかもしれませんが、自分としては「だって」で考えています。「だって〇〇なんだもん」と考えます。

たとえば、時間は守るべきと考えられています。会議の時間には間に合うように集まるべきだと思われていますね。でも遅刻してくるメンバーもいます。そのメンバーに対し、「時間までに来るべき」と怒ったとしても、相手は「いや、だって、前の打ち合わせが長引いたから仕方ないでしょ」「だって、急に電話がかかってきたから」「だって、トイレに行きたくなっちゃったんだもん」と思っています。

これは言い訳とは違います。言い訳は自分が責任から逃れるためにするものですが、このケースは本当に「仕方ないでしょ」と思っているんです。

「会社の飲み会には参加するべき」「嫌です。だって、家に帰ってやりたいことがありますし」

「決められた書類は提出するべき」「嫌です。だって、そんな書類作っても無駄だし」

「上司の話は聞くべき」「え、だって、こちらも忙しいので長い話は聞きたくないです」


相手の価値観、さらにはダイバーシティを理解するとは、自分と相手が持っている「べき」と「だって」の違いを理解することです。先に説明したように、単に価値観を理解するという言葉では何も見えてきません。価値観＝好き嫌いと捉えられることが多く、好き嫌いを理解したところで何の意味もないからです。理解すべきは「自分はどんなべき論を相手にぶつけているか、相手はどんなべき論を持っているか」「相手はどんな『だって』で考えているか、自分にはどんな『だって』があるか」です。

「どう言っていいかわからない」をなくす

漠然とした不満や不安を持っているメンバーがいます。よく「モヤモヤする」と表現されていますが、モヤモヤすると口にしたところで、何の解決にもなりません。

このモヤモヤの正体は、大きく分けると①怒り（不満）、②不安の2つです。

漠然とした怒りを覚えているが、何について怒りを覚えているのかうまく説明できなかったり、自分の怒りの正当性を言葉にできなかったりします。相手に伝えられないから自分の中にとどめておくことしかできず、それを「モヤモヤする」と表現しているわけですね。このモヤモヤの正体は、前項で説明した「べき&だって」です。「相手がこうするべきなのに、それをしていない」「これは○○さんが責任を負うべきなのに自分のせいにされた」「私が悪いみたいな言い方をされたけどそれは納得できない、だって××だから」「これは○○さんの仕事です。だって、××だから」。このような「べき&だって」が怒りを生んでいます。

モヤモヤした怒りを抱いているメンバーには、その人が持っているべき・だってを聞き出してあげることで、そのモヤモヤの正体が明確になります。

そしてもうひとつ。モヤモヤの正体が不安のケースがあります。誰かに怒りを覚えているわけではないけどモヤモヤするのは不安があるからです。ただし、不安があるメンバーに「よし、じゃあ飲みに行くか！」と誘っても意味がありません。飲みに行けばその不安が消えるわけではないのです。不安の正体を突き止める必要がありますね。

前著『すごい言語化』では不安とは何かを言語化しました。不安とは、「もしかしたらこのままだと、こうなっちゃうかもしれないという妄想」です。自分の老後が不安という人は多いですが、それは「このままだと自分はこうなってしまうかもしれない」という妄想を抱いているということです。

たとえば、こんなことがあります。営業成績が足りないメンバーに対して、新規のクライアントにアポイントの電話をかけなさいと指示をしても、行動しません。納得がいっていないような表情をして、すぐに行動に移さないのです。リーダーからしたら意味がわかりませんね。営業成績が足りていないことは納得済みのはずで、新規クライアントを獲得しなければいけないことに異論はないはず、なのにこのメンバーは動こうとしない。やる気が感じられない！　と考えるかもしれません。

ですがそうとも限りません。メンバーは不安なんです。アポイントの電話をかけなければいけないのはわかっています。でも、電話をかけて断られるのが怖い。そんなこと言い訳にならないこともわかっています。でもやっぱり怖いんです。

ここでリーダーが「俺の言っていることがわからないのか？　もう一回説明するぞ？」と圧力をかけても意味がありません。メンバーが動かないのは不安があるからです。バンジージャンプのジャンプ台で怖くて飛べなくなっている人と同じようなイメージです。飛ばなければ終わらないことはわかっています。しかし怖くて進めない。このときに、「飛べばいいだろう？　なんでわからないんだ？」と言われても、飛べないものは飛べない。

ここでリーダーが問いかけなければいけないのは、どこに不安（恐怖）があるかです。つまり、相手が「このままだとどうなっちゃうと思っているのか」を問いかけるのです。そして、その不安・恐怖を解消する方法をメンバーと一緒に考えることが必要です。

言いづらいことを言えるようにする

- 自分や相手がどんな「べき」「だって」を持っているのか知る
- 「このままだとどうなると思っているのか」問いかける

「問いかけ」の言語化

メンバーの考えを言語化する

極端な例示をする

こんな仕事
やる価値なし
？

分解して例示する

新プロジェクト
ライバルに
勝てる？

将来を例示する

将来
どんなことが
起こる？

言いづらいことを言えるようにする

- 自分や相手がどんな「べき」を持っているか知る
- 自分や相手がどんな「だって」を持っているか知る
- 「このままだとどうなると思っているのか」問いかける

5 章

「伝わる」言語化

リーダーに必要な再現性がある伝え方

5章のポイント

わかりやすく伝える

相手の「わかったつもり」を変える

わかりやすく伝えなければ、伝わらない

言語化することで、自分の頭の中もメンバーに伝える指示も明確にできます。最後は、その言語化したものを相手にわかりやすく伝える方法を説明します。

メンバーに仕事を教えたり、任せたりするときの手順として以下のような流れがよく語られています。

まず5W1Hで具体的に細かく説明する
不安な点、不明な点を確認する
相手に「自分がすべきこと」を復唱してもらう

単に「やっておいて」と伝えるだけより、かなり相手の理解度は進むと思います。

しかし、このステップを踏んでいれば相手が仕事内容をわかるようになるかといえば、そうではありません。というのは、多くのケースで「すべきこと」があいまいな表現になっているからです。

たとえば、仕事の内容を5W1H的に分解し、「今日・クライアントに・電話で・新商品の導入を・粘り強く・提案する」と表現したとしましょう。細かく分解して説明された感があり、メンバーも何をすべきか明確に理解できた感覚になります。ですが、それは単なる思い込みです。

今日　↓明確です
クライアントに　↓解釈の幅はありますが、大きく外れることはないでしょう
電話で　↓明確です
新商品の導入を　↓明確です
粘り強く　↓どういう状態を指しているか不明確です
提案する　↓何をすれば提案したことになるか不明確です

要は、この言い方では、何をしたらいいかは伝わらず、教えたことにもならないのです。言語化とは「明確化」です。言葉になっていても、それが明確になっていなければ意味がありません。

ではどうすれば、わかりやすく伝えることができるでしょうか？

わかりやすいとは、把握できて、納得できて、再現できること

明確にしてもそれが相手に伝わらなければ意味がありません。そして、明確にすれば誰にでも理解できるわけではありません。高度な専門的な内容だったら、仮にそれを明確に説明されても意味はほとんどわからないと思うのです。そのため、ここから

は相手に伝わるような言語化を考えていきます。

相手に伝わるように、わかりやすく伝えなければいけない。そう感じている方は多いでしょう。では、「わかりやすい」とは何でしょうか？　ぼくは中学生のころから、言語化とわかりやすさを研究してきました。

そして、30年以上考えてきた結果、わかりやすさとは、「把握できて、納得できて、再現できること」という定義に行き着きました。

1．相手が把握できなければいけない

「わかる」ためには、まず相手が言っていることを日本語として「把握」しなければいけません。言語化（明確化）された内容であれば把握することが容易になります。逆に言語化されていなければ、相手が何を言いたいのか把握できません。ここまでの言語化手法を身につければ、相手に把握してもらえるようになります。

2．相手が納得できなければいけない

そして次に、「わかる」ためには、「納得」する必要があります。いくら明確になっていても、なぜそうなるのか、なぜそれが必要なのか納得できないと、「え、どういうこと?」となります。たとえば、「仕事ができる人は、みんな東京出身です」と言われても、まったく納得できません。そのため、その主張をされても「え、どういうことですか?」と聞き返すと思います。言葉としては明確ですが、納得できないので「わからない」となります。

3. 相手が再現できなければいけない

最後は「再現できる」です。伝えられた内容を、後日必要なタイミングで「こういうことだったよね」と自分一人で再現できなければ「わかった」ことになりません。いくらその場で把握し、納得しても、あとで混乱したり忘れてしまったりしたら意味がないのです。

この3点をクリアすれば、あなたの話はわかりやすくなります。せっかく自分の頭の中を明確に言語化しても、それが相手にとって難しすぎたり、なじみがなさすぎたり、複雑で混乱させてしまったりしたら伝わりません。

明確に言語化すれば、把握してもらえるようになります。納得してもらう、再現できるようにするためにどんな手法が有効かは、このあとに解説します。

納得感を言語化する

では、伝わる言語化の2つ目の段階「納得する」について解説します。言葉として明確でも、納得できなければ半信半疑のまま鵜呑みにするしかできません。

一方的に言いたいことを相手に伝えただけではコミュニケーションをとったとは言えません。コミュニケーションは理解されて初めて「成立した」と考えられます。たとえば、専門家が難しい言葉を並べて「説明した」と言い張っても、相手が理解していなければ説明したことになりません。政治でも企業のスキャンダルでも、当事者が記者会見でいろいろ話します。ただし、聞いている側が納得していなければ、それは説明したとは言えません。

こちらが理解できずに話が終わってしまった場合、「説明不足だった」と非難されます。そのため、説明不足と言われないように、説明の時間を長くかけることを意識しているケースがあります。

ただ、「説明時間が短い＝説明不足」ではありません。説明不足とは、聞いている側が理解していない、納得していないのに説明が終わってしまったことを指します。時間をかければいいということではないんです。

では納得感を高めるためにはどうすればいいでしょうか？

よく言われるのが、データを出す、ファクトやエビデンス（証拠）を示す、ですね。たしかに、データを見せられれば納得につながることもあるでしょう。しかし同時に、いかにデータを示されても、実感とズレていてそうは思えないというケースもあります。

たとえば、車の自動運転を例に考えます。車の自動運転は、海外では実用化もされていて、運転手がいない無人タクシーも存在しています。日本でも徐々に認知が広まりつつありますが、やっぱり怖いという人もたくさんいますね。

コンピューターが突然止まったらどうするんだ？　判断を間違えたら？　暴走したら？　と恐怖は尽きません。このときに、自動運転の安全性を証明しようといろんなデータを見せても無駄でしょう。いくら統計データや実際の数値を示しても感覚として納得できないのです。

相手が「知っていること」と重ねる

かつてぼくがテレビ番組にコメンテーターとして出演していたとき、この自動運転の安全性を主張する専門家のコメントとデータが紹介されていました。同時に、自動運転の危険性や不安を煽るようなＶＴＲが流れました。このとき、スタジオにいた出演者も含めて「自動運転は危ない」という論調だったので、少し冷静になる必要があると感じました。そしてみんなに違う視点を持ってもらいたくて納得感を意識してコメントしました。

そのときに話したのが「コンピューターもミスするかもしれないけど、人間ももちろんミスします。コンピューターよりミスを少なくする自信は、ぼくにはないです」という内容でした。このとき、その場の論調が大きく変わったのを強く実感しました。

じつは、ここがポイントなのです。相手に納得してもらうためには正しさを主張しても意味がない、必要なのは感覚的に納得することです。そしてその感覚的な納得を作るのが「知っている感」です。

本人の実感とズレていると、いくらデータを示されても「なんか意外だなぁ……」という反応になり、そして「やっぱりそうは思えない。わからない」というリアクションになってしまいます。また、まったく経験がない分野のデータを示されても「ふーん」程度にしか思わないでしょう。

人が納得するためには、データより正しさより、「似たようなケースを知っていること」が大事です。人は知っていることしか納得できません。知っていれば、「あぁ、あれと同じだな」とイメージができます。

つまり、相手の納得感を高めたいのであれば、データを示したり正しさを証明したりすることとは別に、「相手がすでに知っている例と重ねること」「ほら、あれと一緒です」と伝えることが重要です。

実際にはこの手法は論理的ではなく、仮に間違っている主張や嘘でも相手に「ほら、ほかにもこういうことあるでしょ？」と言えてしまいます。そのため、正しい裏付けは必要です。しかし、正しければ相手は理解できるわけではなく、納得をするわけでもないということをリーダーは知らなければいけません。相手の納得感を高めるためには、相手が知っていることを引き合いに出し、「あれと同じです」と伝えることも大事です。

相手が覚えていられるように伝える

伝わる言語化の3つ目の段階「再現できる」について解説します。自分の頭の中を相手にわかりやすく伝えたいと感じているリーダーはとても多いでしょう。そして、いろんな話し方や伝え方を取り入れようとしています。しかし、うまくいっていません。というよりむしろ、冗長になり逆にわかりづらくなってしまうこともあります。

ビジネスの場に限れば、伝えなければいけないことはそれほど多くはありません。ビジネスの目的は「顧客に価値を提供して、利益を得ること」です。極論を言えば、相手と仲良くなる必要はありません。と考えるならば、伝えなければいけないのは「結論」です。

ビジネスシーンのコミュニケーションで、相手にわかりづらくなってしまうのは、まずは「何のことを話しているかわからないから」です。丁寧に話をしようとするあまり、前置きが長くなってしまったり、自分の頭を整理する前に話し始めてしまい迷子になっているケースがあります。これではいくら伝えるべきことが明確になっていても伝わりませんね。

そのため、「結論から話そう」と意識する方が多いですし、実際にそういう指導がされていることも多いです。ですが、結論から話されると正直なところ意味がわからないんです。夕方のニュース番組のような話し方になり、かなり不自然です。毎回毎回、商談で開口一番に「今月、新しい機能が付きました」「ユーザー満足度が96%を超えました」とニュースの見出しを語るように話し始めるようなものです。毎回これをされたらかなり不自然ですね。

さらに言えば、その場で伝えたい結論がひとつであることは少なく、伝えたいことが複数ある方が多いです。結論が複数ある場合、それを結論から伝えようとすると「結論から言うと○○です。これがどういうことかというと〜〜〜〜〜〜〜〜〜〜〜〜〜（中略）〜〜〜〜〜〜〜です。

あと、××も大事なので気に留めておいてください。なぜかというと〜〜〜〜〜〜

〜（中略）〜〜〜〜〜〜〜〜です。

それと▲▲は忘れてはいけないポイントです。これは〜〜〜〜〜〜〜（中略）〜〜〜〜〜〜〜という内容です。

さらには……」

と続くことになります。ひとつひとつの内容は明確で、その場では理解・納得できたとしても、話がバラバラであとから思い出すことができません。


その場で把握して、納得しても、覚えていられなければ意味がありません。伝わる伝え方にはなっていないわけです。もちろん人間の記憶力は完璧ではないので、どんな伝え方をしても100%覚えていられるわけではありません。ですが、覚えていられるように工夫することはできます。ではどうすればいいのでしょうか？

「結論から」ではなく「数から」伝える

一番効果的なのが「**数から伝える**」です。

結論から話すと、部分部分で言っていることは明確に伝わりますが、話のまとまりがなくなり、全体として何を伝えられたのか相手は思い出すことが難しくなります。話の全体像を整理して、相手が覚えていられるようにするためには、結論から話してはいけません。その代わりに「自分が伝えたいことの『数』」から話

すべきです。

先ほどの例であれば、「結論から言うと……」ではなく、「今日伝えたい結論は全部で4つありまして、1つ目は○○、2つ目は××、3つ目が▲▲、そして4つ目が……です。順番に説明していきます」と前段で伝えます。このように伝えるだけで、相手は「今日は4つ覚えておけばいいんだな」という頭で聞くことができますし、整理されているため、あとから思い出すときも「4つだったな。1つ目が○○で……」と引き出しやすくなります。結果、覚えていられるのです。

相手にわかりやすく伝えるために大事なのは、「結論から話す」より「伝えたいことの数から話す」です。商談でいえば、「今日は3つご提案があります」「弊社商品に関してお伝えしたいトピックが2点あります」など、数から話します。これだけで圧倒的に話がまとまって聞こえるようになり、一気にわかりやすくなります。

相手がわかりやすく説明できるように問いかける

リーダーのみなさんは、日々ものすごく忙しいです。時間もないから、情報伝達は手短にしてほしいと感じている人もいると思います。ですが、メンバーの中には説明がうまい人とそうでない人がいるのも事実です。説明がうまくない人から報告をもらうと、要領を得ない話し方をされることがあり、結局何が言いたいのかよくわからないというケースがあります。リーダーの忍耐力が求められるところですね。

人の話を最後まで聞くことが大事だということはわかりますが、いつまでもじっと我慢して聞いているのも生産性が低すぎます。さらに言えば、メンタルをかなり消耗し、相当しんどい時間になってしまいます。

メンバーもわざとわかりづらく伝えようとしているわけではありません。伝え方がわからないだけなのです。なので、リーダーからの問いかけでメンバーの頭の中を整理しつつ、話をしてもらうようにしましょう。

話をわかりやすくするためには

- **把握できる**
- **納得できる**
- **再現できる（覚えていられる）**

の3点が必要でした。裏を返すと、相手の話がわかりづらいのは、この3点が欠けているからなのです。リーダーは、メンバーの話を聞いてどれが欠けているのかを判断し、それを引き出してあげましょう。

メンバーの話がわかりづらくなる理由の1番は、「把握できない」。つまり何を言いたいか、相手が何を示そうとしているかがわからないということです。これはここまで説明してきた言語化の手法と問いかけを使うことで明確になっていきます。

次に多い理由は「再現ができない」です。つまり、話がまとまっていなくて全体像を捉えられない、全部話を聞いたあとにいろいろ混乱してきてわからなくなる（再現できなくなる）のです。ここを解消するためには、「数から話す」が重要でした。そのためメンバーに対して、「要点がつかめなくなっちゃったんだけど、今回の報告で重要だと思う点はいくつある？」と問いかけます。数から言ってもらえれば、リーダーは頭の中を整理でき、その話をわかりやすく聞くことができます。

ただ、「ポイントはいくつある？」と数を聞いたときに、メンバーが即答できないケースもあります。そんなときは、「重要なポイントがいくつあるか整理してからもう一度報告に来て」と促すことができます。

この手法を知らないと、長々と続く的を射ない話を聞き続けるか、「もっとわかりやすく説明して」と追い返すしかなくなります。

また、メンバーの話に納得できないときがあります。そのときは、データやエビデンスを示してもらう以外に、「イメージしたいから、何か似たようなケースの事例を教えてくれない？」と促します。また、メンバーの思い込みが強すぎて自分は賛同できないと感じたときは、4章で紹介したように、「当てはまらないケース」を問いかけてみましょう。

相手の「わかったつもり」を変える

メンバーに何かを伝えたとします。その場では理解もしているように見えますし、要点を確認すると、リーダーが意図しているような回答が出てきます。よし伝わったと感じてその場を離れますが、後日メンバーの動きを確認すると、全然違うことをやっている……。つまりは、「メンバーはわかったつもり」だったわけです。こういう経験をされた方も多いでしょう。

メンバーが嘘をついているわけではありませんし、わざと違うことをやっているわけでもありません。原因は、同じ言葉でもリーダーとメンバーで理解が異なっていたということです。

同じ言葉で会話しているのに結果が大きく変わるのは、理解力や能力以外の「ある要素」が作用しているからです。そして、むしろ結果に影響を与えているのは、理解力や能力ではなく、その要素です。一生懸命に伝えても、相手がなかなか意図したアクションをとらないとしたら、それはその要素のせいです。


その要素とは、「行間」です。


学校で何かを教わるときも、本で学ぶときも、情報には必ず「行間」があります。つまり、すべての情報がその場で言語化されているわけではなく、「語られない部分」が必ず存在しています。もしくは、いろいろな前提条件のもとに理論を語っていることもありますが、その前提が100%言語化されることはありません。

その語られない部分を、ぼくらは自分の過去からの経験で穴埋めして理解します。

ここでぼくらは誤解し、解釈を間違えてしまうのです。

指示を受けたときも、言葉にされていない部分は自分の解釈で、半ば勝手に行間を埋めて理解します。ここで問題が起きてしまいます。この行間の読み取り方が違うと、実際の行動が変わってしまうのです。

ぼくらはいろんなところで自分で考えることを求められています。明確に言われていないからといって、「言われていないからやりませんでした」では社会人として失格とされることもありますね。ぼくらは積極的にその行間を読むように、そして自分で考えて動くように動機づけされてきました。つまり、メンバーが行間を読み間違えていたとしても、それは「よかれと思ってやっていること」なのです。

その「よかれと思ってやっていること」は、過去の経験上は正しかったことです。あのときはこうすべきだったな、だから今回も同じようにやろうと、学習した結果でもあるわけです。そのため、自分が間違えていることに気づきません。

同時に、この部分は言葉になっていない「行間」で、お互いに明確に言葉にして確認をされないことが多いです。

たとえば、メンバーがクライアントに説明すべき内容を伝えていなかったとします。すぐに説明しなければいけない内容で、それはメンバーの認識も同じです。

でもここに行間があります。

リーダーの想定：（先方に直接行って）資料などを見せながら説明する
メンバーの想定：（早く伝えたほうがいいので）メールに資料を添付して送る

と考えていました。そして不運にも、クライアントはメールを見落としており、その後トラブルに発展してしまいました。あとから言われれば、少なくとも電話でメールを送ったことを伝えるなりしたほうがよかったと反省するかもしれません。しかし、メンバーは「よかれ」と思ってとった選択なんです。

自分自身で努力不足を自覚していたり、しっくり来ていないやり方をしている場合は自分で見直すことができます。うまくいっていない自覚があるので、検証しながら進めますし、何かおかしそうなところがあれば、すぐに修正しようと考えます。

ですが一方で、「よかれと思ってやっていること」は、よかれと思っているがゆえに、自分でその間違いに気づきません。もはや自分の中では前提になってしまっていて、それをするのが当たり前のようにも感じています。そのため、このやり方でいいのかどうかの相談がされることは少なく、リーダーも気づきにくいのです。だから、なかなか修正できません。

ぼくらの選択の9割以上が、決めつけによるもの

ふと自分の行動や判断などを振り返ってみると、その多くが吟味せずに選択したことであることに気づきます。人は1日に3万5000回もの選択をすると言われています。それだけ選択し続けているわけです。そして、そのすべてを吟味して行うことはできません。

ぼくらが無意識に行う選択は全体の95%とも97%とも言われています。どちらにしろ、かなり多くの選択を無意識に行っています。この「無意識」というのは、選択したことを覚えていないという意味ではありません。また、サイコロを転がして運任せで決めたということでもありませんね。「無意識で」とは、特段深く吟味せずに選択し

たという意味です。

ぼくらは自分でもともと想定している「このケースでは、これをやったほうがいい」という認識を持っています。

- スタバでは大きいサイズのコーヒーを買ったほうがいい
- 何かを勉強し始めるときは、ひとまず本を読んだほうがいい
- 地方に引っ越したら、まず車を買ったほうがいい
- 家は買わずに、賃貸で住んでいたほうがいい
- 子どもが生まれたら、保険に入ったほうがいい
- 大きな決断をするときには、家族に相談したほうがいい

などです。

選択の重要度に差はありますが、これらすべてが「よかれと思ってやっていること」です。もちろん適当に決めたわけではなく、そう選択した理由はちゃんとあります。過去に別のことをして失敗したとか、友人からアドバイスをもらったとか、親の教育

がそうだったとか。

たしかに、その選択をとる理由としては十分な背景があるのでしょう。しかしそれは過去の一例にすぎません。「友達が家を買って大失敗したから、賃貸に住み続ける」というのは、その友達が家を買って失敗したという、たったひとつの例に引っ張られているだけです。家を買った人が全員失敗しているわけではありません。あなたがそのひとつの例から自分で決めつけたわけです。

ぼくらは少なく見積もっても9割以上の選択を、深く吟味せずに行っています。深く考える必要がない選択もあるでしょう。同時に本当は吟味しなければいけないものもあるはずです。でもぼくらは自分の体験や過去に得た知識から、「よかれと思って」その選択をします。

毎回、吟味しながら選択をしていくことは不可能だ。そんな声が聞こえてきそうです。ぼくもそう思います。これだけ社会が複雑になっていれば、ぼくらが日常生活で「よかれ」と思って行動を決めることは避けられないことだと思います。ぼくがお伝えしたいのは、ぼくらは「よかれ」と思って無意識的に選択を繰り返しているということです。

仮にリーダーがメンバーに対して正しく明確な指示をしても、必ず行間がありま す。そして、メンバーはその行間を「よかれと思って」自分で考えて埋めようとしま す。

メンバーが行間を埋めることが問題なのではありません。よかれと思ってやること が、リーダーが考えていることとズレていることが問題なのです。ここでリーダーが できることは、**メンバーの想定を先回りして「そうじゃないからね」とあらかじめ指摘する**ことです。

先ほどの例でいえば、「すぐに情報を伝えろって言うと、メールで送りたくなるものだけど、今回は直接持って行って」と伝えなければいけません。放っておいたら相手が誤解しそうなことを、あえて話題に出し、それを否定するんです。そうすることで、相手は行動を修正することができます。

「仕事でわからないことがあったら、まずは自分で勉強して調べてみて」と投げかけると、「勉強＝本を読む」と考える人は、特段検証せずに本を読もうとします。それが正しい行為であれば問題ありません。ですが、最新の事例を勉強しなければいけないときは、本ではなくネットで調べなければいけないかもしれません。人事部が抱えている課題など、企業が抱えている課題を勉強するときには、本でもネットでもなく、経験者に話を聞きに行かなければいけないかもしれません。そのときは、メンバーから何も言われなくても、「勉強というと本を読むことからスタートしがちだけど、この場合は経験者から話を聞いたほうがいいからね。まず経験者に当たってみて」と修正しなければいけません。

このよかれと思ってやってしまっていることは、相手から質問が出てきません。

相手から何も聞かれなくても答える（修正する）のが、リーダーとしての伝わる言語化です。

相手のわかったつもりを変える

聞かれる前に答える（修正する）

わからないことがあったら、
まずは自分で勉強して

「伝わる」言語化

わかりやすく伝える

把握してもらう

明確化する

納得してもらう

相手がすでに知っている例と重ねる

再現できる（覚えていられる）

数から伝える

相手の「わかったつもり」を変える

相手から聞かれる前に答える（修正する）

おわりに――言葉は浸透していく

渡辺謙さんと、レオナルド・ディカプリオが出演している映画『インセプション』の冒頭にこんなセリフがあります。

「もっとも強い寄生体はなにか？　バクテリア？　ウィルス？　それとも回虫？　それは、アイデアです。強く、伝染力もある。一度アイデアが脳に住み着くと、取り除くことはほとんど不可能です。アイデアは、形となり、理解され、脳に突き刺さる」

（『インセプション』２０１０年　翻訳は「映画スクエア」ＷＥＢサイトより引用）

ここでいう「アイディア」は、「いいアイディアを思いついた！」的な話ではなく、どちらかというと、信念や想定、べき論、方針やアイデンティティのような「自分が何か行動をするときのベースになっているもの」だと思います。

たとえばぼくらは「いい大学に入るのが善」というアイディア（方針）を植え付けられています。だからいろんな場面で学歴が重視されるし、躍起になっていい大学に入ろうとします。

「会社を辞めて独立したら、一家離散」というアイディア（想定）を植え付けられた人は、日々心が死にそうになっているのに仕事にしがみつこうとします。

ぼくらの行動は、ぼくらが持っている「アイディア（考え方）」に相当な部分を縛られているわけです。ここを変えなければ、自分の行動は変えられません。

しかし、自分がどういう考え方をしているか、自分自身で気づくことは難しいです。無人島で一人で生活している人が自分自身の容姿を判断できないのと一緒で、仮に自分が持っている考え方に偏りがあったとしても、自分で気づくことはできません。だって、自分にとってはそれが当たり前だからです。そもそも、自分が当たり前レベルで持っているアイディアは、当たり前すぎて検証の土台に上がりません。

これは言語化とまったく同じ話です。ぼくらの行動は、ぼくらが使っている言葉によってかなりの部分が方向付けされています。本文でも紹介した「付加価値」を「付け加える価値」と理解している人は、新商品に何かしらの機能を付け加えようとします。自分の頭の中にある言葉が、自分の行動を決めます。そしてあなたのまわりにいる人たちにも影響を及ぼします。組織の中でよく使われている言葉は、良くも悪くもメンバーに大きな影響を与えます。そして、メンバーの行動を決めていきます。

まずは自分の頭を明確に言語化すること、そして周囲の人が頭の中を明確に言語化できるようにサポートすること、これらができれば日本の組織は革命的に変わると思うのです。言語化されていなければ、霧の中でお互いにジェスチャーで意思疎通を図っているようなものです。相手に伝わるわけがないし、相手を理解できるわけがない。言語化の手法によって霧を晴らしていきましょう。

これまで多くの組織で、この霧が晴れる体験をしていただきました。ぜひあなたの組織でも明確にできる、明確に伝わる喜びを実感してください。

すべてのビジネスパーソンが、自分の提供価値と自分の介在価値を言葉で実感できる社会をぼくは目指しています。

ぜひ一緒にこれからも言語化に向き合っていきませんか？

２０２４年秋　木暮太一

［著者］
木暮太一（こぐれ・たいち）
言語化コンサルタント・作家・一般社団法人教育コミュニケーション協会 代表理事
富士フイルム株式会社、株式会社サイバーエージェント、株式会社リクルートを経て現職。
14歳から、わかりにくいことをわかりやすい言葉に変換することに異常な執着を持つ。学生時代には『資本論』を「言語化」し、解説書を作成。学内で爆発的なヒットを記録した。ビジネスでも「本人は伝えているつもりでも、何も伝わっていない！」状況を多数目撃し、伝わらない言葉になってしまう真因と、どうすれば相手に伝わる言葉になるのかを研究し続けている。企業のリーダーに向けた言語化プログラム研修、経営者向けのビジネス言語化コンサルティング実績は、年間200件以上、累計3000件を超える。
https://educommunication.or.jp/

リーダーの言語化
――「あいまいな思考」を「伝わる言葉」にする方法

2024年10月１日　第１刷発行
2025年６月20日　第７刷発行

著　者――木暮太一
発行所――ダイヤモンド社
〒150-8409　東京都渋谷区神宮前6-12-17
https://www.diamond.co.jp/
電話／03･5778･7233（編集）　03･5778･7240（販売）

ブックデザイン―中ノ瀬祐馬
イラスト――岡田丈
校正――――鷗来堂
製作進行/DTP―ダイヤモンド・グラフィック社
印刷／製本―勇進印刷
編集担当――吉田瑞希

ISBN 978-4-478-12028-6